タダで、何度も、テレビに出る！

小さな会社の PR戦略

PR strategy
for a small company

下矢一良

同文舘出版

はじめに

テレビに取材されるのに必要な条件は何でしょうか？

画期的な技術を持っていることでしょうか。

個性的な商品を扱っていることでしょうか。

経営者が波乱万丈の人生を送っていることでしょうか。

実は、これらの要素は、いずれも必要なものではありません。


「むしろ商品に際立った特徴がないほうが、何回もテレビに出られる」

私がこう言っても、まず信じてもらえないでしょう。

確かにユニークな商品や画期的な技術を誇示して、テレビに出られることはあります。ですが、ユニークさを武器にしたテレビ出演には致命的な弱点があります。それは「1回しかテレビに出られない」ということです。そのときには目新しいものであっても、すぐに飽きられてしまうからです。


「1回でもテレビに出られれば、いいのではないか」

こんな疑問の声も、聞こえてきそうです。人気番組に1回出れば、広告費に換算すると30

00万円にも値すると言われています。「健康にいい」と、ある食品をテレビが取り上げた翌日には、すべての在庫が飛ぶように売れ、スーパーの店頭からひとつ残らず消えていた。そんな話は珍しくはありません。ですが、それらはすべて一過性のものです。確かに、テレビに取り上げられて何カ月かの業績はよくなりますが、追い風は長く続くものではありません。

中小企業はテレビに、何回も出るべきです。

中小企業の知名度は高くはありません。1回テレビに出たくらいで、名前を覚えてもらえるはずがありません。何回も出ることで、初めて会社の存在が広く知られるようになります。何年も出続けることで、ブランド力が高まり、定着します。その結果、人材や顧客が集う好循環が生まれるのです。

「何回も出られるものなら出てみたい。でも、有名な大企業でなければ無理なのでは」

このように思われるのも、当然です。しかし現実に、長期間にわたってテレビに出続けたことで、事業を大きく成長させた中小企業がいくつもあるのです。

こうした何回もテレビに出ている会社には、共通の特徴があります。前述の通り、商品の新奇さは、すぐに飽きられてしまいます。ですから、テレビが取り上げ続けることはありません。

何回も、テレビに出続けている会社がアピールしている、商品以外のもの。

それが、ストーリーです。

なぜ、テレビが選ぶ会社の条件を断言できるのか。それは、私自身が実際にテレビで取り上げる会社を選ぶ立場だったからです。

私は大学院卒業後、テレビ東京に入社し、ちょうど10年間、在籍していました。テレビ東京在職中は主に「ワールドビジネスサテライト」「ガイアの夜明け」のディレクターを務め、500社以上の中小企業やベンチャー企業を、番組で取り上げました。

「テレビのディレクターは何を判断基準として、取材先を選んでいるのだろうか」

番組をつくっているうちに、疑問を抱きました。明らかにディレクター全員が共有している判断基準がある。けれど誰もはっきりと、その基準を論理的な言葉で表現していないのです。

取材すべき会社とそうではない会社の違いを、全員が何となく感覚的に共有している。そんな状態だったのです。この漠然とした判断基準を、私は明確にしたいと思うようになっていました。テレビ東京に入社する前は、大学院で物理学を専攻したこともあってか、こうした探求が元来好きなのです。

ディレクターとして、私自身は何を判断基準としていたのか。どのような心の動きがあって、取材先を決めたのか。他のディレクターは何を思い、取材先を選んでいるのか。先輩社員の空いている時間を見つけては、積極的に教えを請いました。

テレビ東京以外のテレビ局だと、基準は異なるのだろうか。そんな疑問を解消すべく、他局の番組を録画して、ナレーションなどの表現手法を書き起こし、分析を続けました。

そうして導かれた結論が、ストーリーの存在だったのです。ストーリーの有無が、取材先の決定に極めて大きな影響を与えていたのでした。

ただし、ストーリーの形になっていれば、何でもいいというものではありません。テレビが取り上げるストーリーには、特定のパターンがあります。そのパターンに沿ったストーリーを持つ会社を選んで、番組で紹介しているのです。

「人脈がなくては、テレビに出るのは無理」

「300万円払えば、有名な報道番組にも出られる」

「プレスリリースなんて、全く読まれていない」

これらはすべて、報道番組をめぐる誤解です。あたかも真実のように語られている条件ですが、すべて誤りだと私は断言できます。

こうした誤解があふれているのには、理由があります。全国放送の報道番組を制作したことがある者、なかでも企業の取材を専門にしている人間は少ないからです。

テレビ局の社員として企業取材を専門に取り組んでいるディレクターは、東京の民放すべて合わせても200人に満たないでしょう。加えて、テレビ局の社員はめったに辞めません。つまり実態を知る者が少なく、しかも自由に発言できる立場にある人間に至っては、ほとんどいないということです。真実が「業界の外」に出にくい構造となっているのです。

こうして外部からの憶測に基づく誤解が、世にあふれることになります。

本書では、私が報道番組を制作するなかで経験してきたことを、余すところなく書きました。建前論を排した、すべて現場の真実です。

「ここまで内側のことを書くのか」

このような不快感を抱く同業者も少なくないはずです。それでも、あえて私は書きました。それは、1社でも多くの中小企業の挑戦する姿を、テレビを通して、たくさんの人々に知ってもらいたいからです。そして、テレビに出ることで、そうした人々が事業を大きく飛躍させるきっかけをつかんでほしいからです。

創業時の苦労、商品開発の秘話、倒産危機からの脱出、事業承継……。中小企業は、まさにテレビが取り上げたくなるストーリーの宝庫です。どんな会社にも必ず、魅力的なストーリーが眠っているものです。この世のすべての中小企業やベンチャー企業が「ワールドビジネスサテライト」や「ガイアの夜明け」などで取り上げられる可能性を秘めています。

どうすれば中小企業が商品の個性に頼ることなく、何年にもわたって何回も、テレビに出ることができるのか。自社のブランド価値を高めるテレビの出方とは、どのようなものなのか。誰も語ることのなかった設計図を、これから本書で解き明かしていきます。

合同会社ストーリーマネジメント代表　下矢一良

『タダで、何度も、テレビに出る！　小さな会社のPR戦略』　目次

2章 テレビ攻略の原理原則

3章 テレビが飛びつくストーリー構築法

4章 ストーリーをプレスリリースに盛り込む技術

5章 プレスリリースを取材につなげる技術

6章

マスコミを攻略し、出演効果を最大化するネット活用術

最終章 大きな成果を生む小さな一歩

カバー・本文デザイン　藤塚尚子（ｅｔｏｋｕｍｉ）
ＤＴＰ　川野有佐

1章

商品に特徴がなくても、
無名の会社でも、
何度もテレビに出る技術

01 大企業以上のブランド力をタダで手に入れる

▼「マスコミに出たら、態度がコロッと変わった」

銀行もベンチャーキャピタルも、事業が種のときには全く相手にせず、マスコミに取り上げられるとコロッと態度を変える。どこがベンチャー育成なんだ。

（朝日新聞 1999年10月9日）

会社設立から、約1年半。ベンチャー育成をうたいながらも実態が伴わない、この国のあり様に疑問を呈した起業家がいます。

現在はカリスマ経営者として広く知られる、サイバーエージェントの藤田晋社長です。独立系企業の経営者としては、最年少で上場。日本を代表するインターネット企業の経営者です。

大きな成功をつかみ取る経営者は、評論家のように社会のあり方に異議を唱えるだけではありません。藤田社長はその状況を逆手に取って、起業初期からマスコミを利用してきた様子がうかがえます。

藤田社長が最初に日経新聞に取り上げられたのは、起業からわずか1カ月半の頃です。藤田社長が写真付きで特集された、1998年5月2日の日本経済新聞の記事を抜粋します。

「マイカンパニー」で行こう、自由を求める若い喜業家たち

東京・渋谷にあるインターネット関連の営業請負会社「サイバーエージェント」。社長の藤田晋さん(24)が一年間勤めた人材派遣会社を辞めて、四月に設立したばかりの新顔だ。藤田さんは学生時代から、自分で事業を始めたいとの希望を持っていた。アルバイト先の広告代理店社長が二十七歳で独立したという話を聞き、「起業を身近に感じていた」ためだ。

今では先鋭的なサービスをいくつも手がけているサイバーエージェントですが、起業当初の記事では「営業請負会社」という扱いです。「営業請負会社」ですから、独自の商品を売っているわけではありません。ビジネスの形もいたって普通。起業からわずか1カ月半なので、売上もマスコミが注目するほどのものではありません。起業前の藤田社長に輝かしい実績があったわけでもありません。記事で紹介しているのは、どこにでもいそうな若い起業家の個人的な

想いがほとんどです。

創業1カ月半で日経新聞に取り上げられたときのことを、藤田社長は著書『ジャパニーズドリーム』（ダイヤモンド社）のなかで、こう振り返っています。

日経新聞の土曜版に、写真付きで、1ページの3分の2くらいの記事がデカデカと掲載されていました。

よしっ！　ガッツポーズをとった私でした。

その記事は、立ち上げ期の会社としてはたいへんな広告効果がありました。掲載当日から「日経で見たんですが、少しインターネット関連の営業のお願いがあって…」という電話がひんぱんにかかってくるようになりました。

マスコミが取り上げるような種は、どの中小企業にも存在します。ただ、**ほとんどの中小企業がその種の存在に気がついていないだけ**なのです。種は何もしなければ、花を咲かせることはありません。その果実を手にすることができるのは、種の存在に気づき、花が咲くまで育て上げた企業だけなのです。

▼中小企業は経済報道番組を目指すべし

「マスコミに取り上げられると、コロッと態度を変える」

藤田社長がかつて表現した、この国の空気。それは残念ながら、今もほとんど変わっていません。

確かに、消費者を「コロッと態度を変えさせる」には、マスコミを味方につけるのが近道です。ただし、コロッと態度を変えさせるべき相手は、消費者だけではありません。取引先や金融機関といったビジネスのキーパーソンが肝となってきます。ですから、彼らが日常的に触れ、信頼しているマスコミに取り上げられる必要があります。

日本経済新聞・朝日新聞・読売新聞などの全国紙、「日経ビジネス」「プレジデント」「週刊東洋経済」「週刊ダイヤモンド」といったビジネス誌、そして「ワールドビジネスサテライト」や「ガイアの夜明け」などの経済報道番組でなくてはならないのです。

経済報道を扱うマスコミのなかでも、特にテレビの影響力は絶大です。**中小企業は報道番組、特に「ワールドビジネスサテライト」や「ガイアの夜明け」といった経済報道番組を目指すべき**なのです。

中小企業が経済報道番組を目指すべき理由は、影響力の大きさだけではありません。もうひとつの理由は、経済報道番組は毎年数百億円をテレビ広告に投じている大企業に対して、中小企業が互角に戦える場だということです。

「莫大な広告費を払っている大企業を、優先して取り上げないはずがない」

これは経済報道番組に対する、根強い誤解です。

ビジネスの常識から考えれば、スポンサーを優先するのは当然のことのように思えます。バラエティ番組やドラマであれば確かに、スポンサーの影響力は決して小さくはありません。ところが、経済報道番組では事情が全く異なります。これらの番組は、テレビ局内ではいわば「聖域」として扱われています。**スポンサーの影響力が、ほとんど及ばないようになっているのです。**

「聖域」として扱われる理由は、経済報道番組が文字通り、報道の一分野だからです。報道の大原則は「公平中立」です。スポンサーの扱いもまた、「公平中立」の例外ではありません。現実の報道番組が本当に「公平中立」なのか、異論は数多くあります。ですが、スポンサーの影響力に限って言えば、間違いなく「公平中立」は守られています。

報道番組をスポンサーの影響から守ることは、報道の建前だけではなく、テレビ局にとっても実は好都合なのです。もし1社でも「スポンサーだから」という理由で、番組で大々的に取り上げたらどうなるでしょうか。他のスポンサーも黙っているはずがありません。1社でも認めたら、際限がなくなってしまいます。最初から例外なくすべて断ったほうが、都合がいいのです。

長期的な視点で考えても、スポンサーを優遇する理由はどこにもありません。スポンサーの商品ばかり優先して取材していては、番組は確実につまらなくなってしまいます。最も大切な番組の信用力も下がります。仮にスポンサーの商品を報道番組で扱えば、短期的には売上は増えるかもしれませんが、長期的には視聴率も信用度も、下がることは明らかです。スポンサーを優遇する行為は、長い目で見ると損なのです。

私がテレビ東京に在籍していた約10年の間に、「スポンサーだから」という理由で取り上げた話は、一度も聞いたことがありません。もちろん、私自身もディレクターとして、スポンサーに配慮したことはありません。スポンサーの競合に当たる企業ですら、普通に取り上げていました。

経済報道番組はスポンサーだからといって、取り上げられやすいわけではないのです。裏返して言うと、中小企業でも、莫大な広告費を投じている大企業と対等に戦うことができるということなのです。

▼経済報道番組が周りを応援団に変える

経済報道番組をつくっているのは、テレビ局のなかで「報道局」と呼ばれている部署です。報道局は大きく分けると、社会部、政治部、そして経済部という3本の柱で成り立っています。社会部は、警察や検察を担当しています。犯罪、事故、汚職などが主な取材対象となります。政治部は国会、省庁、政治家。経済部は日本銀行、財務省、金融庁といった公的機関、そしてさまざまな企業です。

テレビ東京以外のテレビ局では、経済部は主役とは言えない存在です。テレビの世界でニュースの中心は、あくまで社会部や政治部です。

社会部が取り扱う犯罪や事故の真実は、画面で伝えられるものより、はるかに悲惨です。犯罪者の育った環境、被害者家族の悲しみ。テレビで報じることができる内容は、悲劇の断片にすぎません。

政治のニュースは、政局という名の権力闘争や政治家のスキャンダルが中心です。政策を報じることはあっても、批判的に伝えることが暗黙の前提となっています。誤解を恐れずに言えば、テレビ報道の多くは人間の負の部分を取材し、伝えるものです。

ところが、経済部のニュース、なかでも「ワールドビジネスサテライト」や「ガイアの夜明け」といった経済報道番組は、社会部や政治部の扱うニュースとは異なります。取材対象である企業や働く人々の、前向きな姿を伝えることが前提となっているからです。

「働く人々の応援団」と言うべき存在。それが経済報道番組なのです。「応援団」ですから、働く人々が勇気づけられるようなものを取り上げることが、ほとんどです。取材対象の企業に存在する、働く人々が共感する要素を抽出し、編集して、伝えるのです。

取引先や金融機関のキーパーソン、就職先を探している人たち、そして自社の従業員も、働く人々です。経済報道番組に出ることは、**自社のビジネスを支える人々に自社の価値を正し**

く理解してもらうことに直結します。中小企業に足りないのは、知名度と信頼度です。経済報道番組は、この2つを同時に、そして一気に高めることができるのです。

▼中小企業に到来する歴史的チャンス

中小企業がテレビなどのマスコミに出ることを狙う上で、**今は絶好機にあります**。「絶好機」と断言できる理由は、マスコミ業界全体の構造変化にあります。

私が在籍していたテレビ東京の新卒採用人数の推移を見てみましょう。２０１７年は14名。その前後の年も大差ありません。

私が新卒で入社した１９９７年だと、34名でした。１９８０年代は40名を超えていました。30年のあいだに、新卒採用者数は3分の1にまで減っているのです。

これはテレビ東京だけの現象ではありません。他のテレビ局でも事情は同じです。新聞社や雑誌社に至っては、テレビ局以上に採用者数を絞っています。広告収入や発行部数の減少に対応するために、マスコミ各社は採用者数を徐々に減らしてきているのです。取材現場を支えている若手社員はマスコミの種類を問わず、年々減り続けているということです。

現場の人員減とは対照的に、担当者がひとりで抱える仕事の量は増加の一途をたどっています。すべてのマスコミに共通する原因は「**多メディア化**」です。

テレビ局であれば、地上波に加え、ＢＳ放送、ＣＳ放送向けの報道番組があります。ネット向けの報道番組も始まりました。新聞社や出版社では日経電子版、ダイヤモンドオンライン、東洋経済オンラインといったネット媒体向けの記事も書かなくてはなりません。

また、テレビ業界固有の原因も存在します。バラエティ番組やドラマの多くは、テレビ局の社員ではなく、制作会社が中心となって制作しています。バラエティ番組を増やすということは、制作会社への発注が増えるということにつながります。追加発注すれば、テレビ局は当然、制作費を新たに支払わなくてはなりません。バラエティ番組でなくても、映画、アニメ、海外ドラマであれば、放映権料を払わなくてはなりません。

ところが報道番組では、事情が異なります。他のジャンルの番組よりも、報道番組は追加の制作費が少なくて済むのです。

その理由のひとつが、番組制作に占めている社員の割合です。**報道番組はバラエティ番組などと比べて、社員の比率が圧倒的に高い**のです。特に記者クラブに所属する記者は、ほとんど全員がテレビ局の社員です。

どのテレビ局でも社員には年俸制、あるいはみなし残業代の人事制度を取り入れています。報道現場の社員の残業時間がいくら増えたところで、会社としては追加の人件費が発生しにくい仕組みになっているのです。

人件費だけではありません。バラエティ番組のように、出演料の高い有名芸能人を呼ぶ必要もありません。ドラマのように、豪華なセットをつくる必要もありません。制作費を抑えたいテレビ局にとって、報道番組を増やすことは合理的なのです。

マスコミ業界の構造変化が、おわかりいただけたでしょうか。テレビ、新聞、雑誌とメディアの種類を問わず、ニュースの枠は増えている。対照的に、枠を埋められるディレクターや記者の数は減っている。つまり、ひとり当たりの負担が格段に増えているのです。

こうなると取材先の奪い合いです。

私がディレクターだった当時、ある企業のプレスリリースを読んで、取材依頼の電話をかけました。すると、戸惑ったような声色でこう言われました。

「今ちょうど、テレビ東京の別のニュース番組の方が、取材に来ている最中です。それとは別の番組なのでしょうか……」

現場では、数少ないネタを社内で取り合うことすら、日常茶飯事なのです。

中小企業への追い風は、これだけではありません。

事業内容、企業の歩み、経営者の人柄や経歴、想い、組織風土まで、自社サイトやSNSをつかって、簡単に発信することができます。

マスコミは、ネタになりそうな企業の情報に飢えています。同時に、中小企業の情報発信力はネットの普及によって格段に高まっています。まさに今、**中小企業に歴史的とも言える追**

中小企業に吹く歴史的な追い風

- 多メディア化によって、記者が埋めなくてはならない枠が激増
- マスコミ各社の採用人数の大幅減で記者ひとり当たりの負担が増加

↓

マスコミの制作現場は
取材先探しに困っている状態に

＝

大企業ばかりではなく
中小企業が取り上げられやすい
環境が整っている！

い風が吹いているのです。

残念なことに、ほとんどの中小企業がこの追い風を全く活かしきれていません。ネタに飢えたマスコミに、的外れな情報を送り続けるばかりです。中小企業がマスコミ好みの情報を発信すれば、すぐにでも取り上げられる下地は十分すぎるほどに出来上がっているのです。

02 「一発屋」で終わらないテレビの出方

▼何度も出るには、入り口を間違えない

ＰＲ業界に「**広告費換算**」という指標があります。テレビ番組に出た時間を測り、同じ長さのテレビ広告を出したとしたら、いくらに相当するかというものです。

全国放送の番組に出れば、広告費換算ですぐに３０００万円を超えます。１回でもテレビに出れば、広告効果が絶大なのは間違いありません。

１回で、３０００万円相当。けれども、１回出るだけで満足してはいけません。理由は簡単です。１回出ただけで、中小企業のブランド力が上がるほど甘くはないからです。

売上が伸びても、それは一過性のものにすぎません。目指すべきは、あくまで何度もテレビに出ることです。

中小企業が何度もテレビに出ることは、実はそれほど難しいことではありません。

ただし、**単発で終わる方法と、何度も出続ける方法では入り口が全く異なります**。最初の入り口を間違えてしまえば、途中から入り直すことはきわめて困難です。

わかりやすいように、お笑い芸人の世界に例えてみます。

毎年のように「一発屋芸人」が登場します。「一発屋」は奇抜さで、すぐに視聴者の注目を集めます。ですが、飽きられるのも早いものです。

「一発屋芸人」とは対照的に、デビューしてから30年以上、テレビの第一線で活躍し続ける芸人もいます。長く出続けている芸人は、奇抜さを売りにしません。話芸や自分の個性などを打ち出し、時代に合わせて微修正をかけながら、テレビに出続けています。奇抜ではないから、なかなか飽きられないのです。

奇抜さで売り出した「一発屋」が、何年にもわたって新たな奇抜さを打ち出し続ける。あるいは急に路線転換し、正統派の話芸で勝負する。このような作戦が、いかに現実的でないかは明らかです。

これは芸人の世界だけではありません。中小企業のテレビへの出方も、実は全く同じなのです。奇抜さを前面に押し出してしまうと、テレビに何年にもわたって、何度も出続けることはできません。

奇抜さの賞味期限は短いものです。奇抜さを打ち出すことこそ、「一発屋」へと続く道そのものなのです。

▼浮気厳禁の報道番組

奇抜さを打ち出そうとする行為と同様に、やってしまいがちな過ちがあります。それは「浮気」です。

浮気と言っても、なにも不倫といった類の話ではありません。同じテレビでも、バラエティ番組やワイドショーなど、報道番組以外を狙わないという意味です。

1回でもテレビに出れば、広告費に換算して3000万円以上ですから、飛びつきたくなるのは当然です。それでも、耐えなくてはなりません。

なぜなら、**バラエティ番組を中心に出ている企業や経営者を、報道番組は積極的に取り扱いたくはない**からです。バラエティ番組にたびたび出るということは、報道番組を遠ざけることにつながります。現実の浮気同様、失うものがあまりに大きいのです。報道番組とバラエティ番組の両方を取りに行かない。それが「浮気をしてはいけない」という意味です。

奇抜な服装や際立った個性で、多くのバラエティ番組やテレビCMに出ている経営者や経済評論家がいます。こうした方々に報道番組から声がかかることは、まずありません。経営者として、経済評論家として、実績は十分あるにもかかわらず、です。バラエティ番組と報道番組

報道番組制作者が気にするバランス

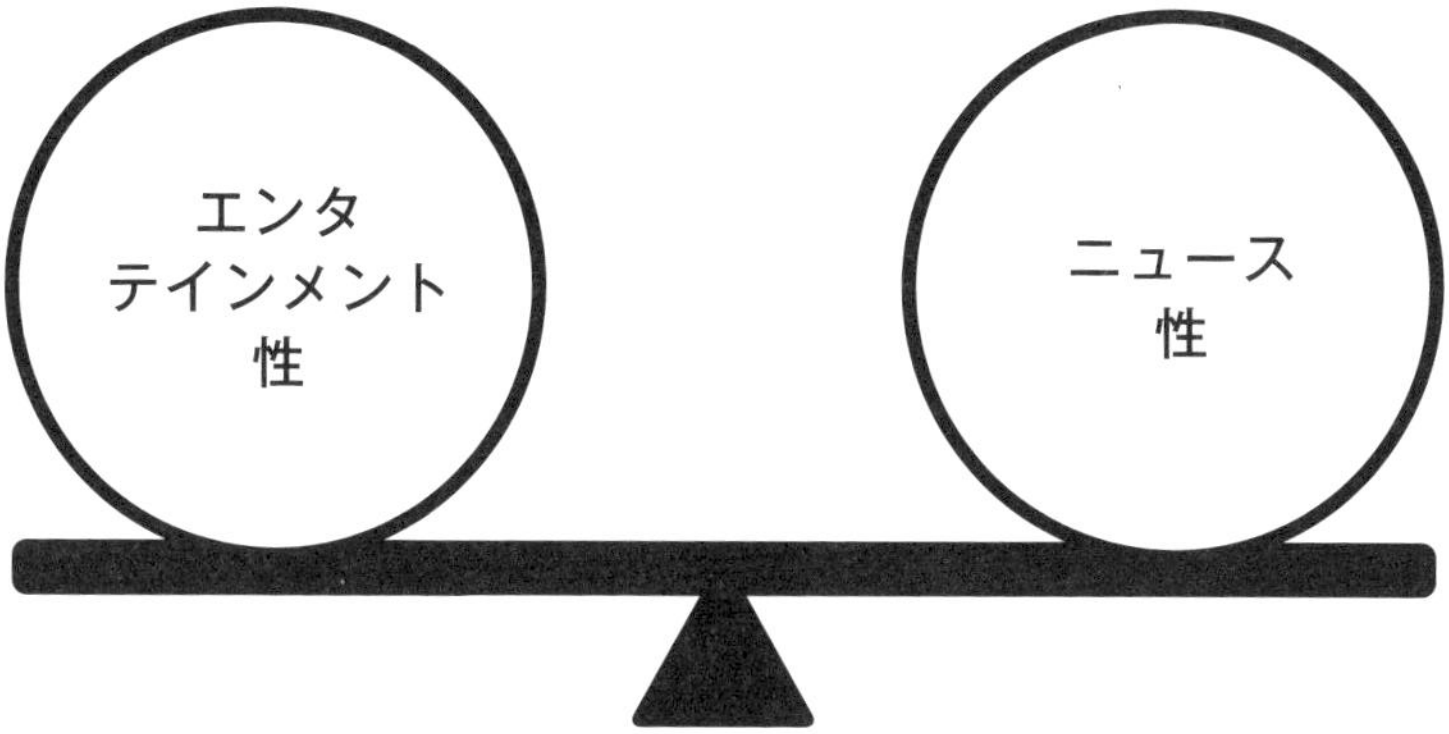

報道番組
=
ニュース性＋エンタテインメント性

報道番組制作者は
２つの要素のバランスに気を配る

☞バラエティ番組の常連を出すと、２要素のバランスが崩れてしまうので、報道番組は取材を避ける傾向がある。

の出演は、基本的には両立しないものなのです。

報道番組は2つの性質をあわせ持っています。「ニュース性」と「エンタテインメント性」という、一見相反する側面です。報道番組ですから、ニュース性がなくてはならないのは当然のことです。一方で、娯楽としての面白さがなければ、視聴者は1時間もテレビを見続けることはありません。番組制作者には、微妙なさじ加減が求められるのです。

もしバラエティ番組の常連となっているようなタレント社長を、報道番組で取り上げたとします。番組の内容が真面目なものであったとしても、タレント社長が出た途端、まるでバラエティ番組のように見えてしまいます。報道番組としての、ニュース性とエンタテインメント性のバランスを損なってしまうのです。

これは報道番組の制作者が最も避けようとすることです。報道番組を狙うのであれば、浮気厳禁です。

03 中小企業は商品ではなく、ストーリーを売る

▼すべての商品は自称「画期的」

中小企業が「ワールドビジネスサテライト」や「ガイアの夜明け」のような番組に取り上げられるのに、必要な条件は何でしょうか?

「他社の追随を許さないほど、高い技術力を持っている」

「画期的な商品を取り扱っている」

セミナーやコンサルティングの現場で聞いてみると、大体、このような答えが返ってきます。

確かに高い技術力や、画期的な商品があれば、テレビに出やすいことは間違いありません。

ですが、それらが「圧倒的であれば」という条件がつきます。マラソンに例えるなら、2位を

5キロメートル以上引き離して優勝するほどのレベルです。当然、そこまで圧倒的な商品は滅多にあるものではありません。

商品の性能が優れていても、独自性があったとしても、それだけでテレビが取り上げない理由は3つあります。

①テレビに売り込みに来る商品は、すべて自称「画期的」

「ワールドビジネスサテライト」や「ガイアの夜明け」のような番組には、毎日500通近いプレスリリースが送られてきます。500通のプレスリリースのほとんどすべてが、「当社の商品は画期的です」とうたっています。「普通の商品を新発売します」などと書いているプレスリリースは、ひとつもありません。「画期的」であることは、実は売り込まれる側からすると、ありきたりのことなのです。「画期的」なだけでは、500通ものプレスリリースのなかで埋没してしまいます。

②ディレクターは技術や商品の専門家ではないから、わからない

テレビのディレクターはそもそも、技術の独自性やビジネスの成否を見極める能力を持っていません。事業を立ち上げたことも、商品を開発したこともないからです。ディレクターは、あくまで伝えることの専門家です。ビジネスや技術の専門的な観点から、いくら優れた点を聞かされても、わかるはずがないのです。

③優れた商品でも、その業界以外の人は興味を持たない

仮に専門的な内容を正しく、ディレクターに伝えられたとします。それでも、それだけでテレビに出ることは困難です。なぜなら既存商品のある部分の性能が改善されたというレベルでは、業界の外にいる大多数の視聴者の関心を得ることはできないからです。

メディアのなかでも、テレビの影響力はいまだに群を抜いています。「ワールドビジネスサテライト」や「ガイアの夜明け」の視聴率は約5％です。人数に換算すれば、500万人にも達します。つまり、最低でも500万人が興味を持ちそうなテーマを選ばなくてはならないということです。限られた業界のプロだけが評価する程度では、テレビが取り上げる対象になりえません。

商品の性能でテレビを狙うのであれば、その業界の常識を根底から変えてしまうほどのインパクトを持つものでなければなりません。そこまでのレベルになって初めて、業界外の視聴者が興味を持つようになるのです。

実際にはそこまでの革新的な商品は、めったにあるものではありません。つまり商品の革新性だけを基準に取材先を選んでいては、ディレクターは放送枠を埋め続けることはできないのです。

それでも毎日、経済報道番組は放送され続けています。つまり、性能以外の選定基準がある

独自性や性能を打ち出してもマスコミに出られない理由

画期的な新商品です！
業界初の機能です！
性能はこんなに
すごいです！
企業
どの新商品も
そう言ってます
専門家では
ないので、
わかりません
一般の視聴者は
興味ないので……
ディレクター

中小企業が性能だけで勝負するのは
業界を根底から変えるほどの
インパクトがない限り無理

から、取材先を見つけることができるのです。

▼何度もテレビに出る企業に共通する法則

商品の性能でなければ、テレビに出るには一体、何が必要なのでしょうか。

テレビのニュースが取り上げる企業の条件。これこそ、私がまだ駆け出しディレクターの頃、疑問を抱いたことでした。

「あのネタは見せ方によっては、やれそう」

「これは番組で扱うには、ちょっと厳しいかな」

番組の制作現場では、このような会話が日々交わされています。ですが、何を基準として、放送できるネタだと判断できるのか、誰も明確な言葉で定義してはいなかったのです。

元来、私は分析好きの気質です。この不明瞭な判断基準を明らかにしたいという想いが、湧き起こってきました。経済報道番組の徹底分析に取り組むことにしたのです。

まず、テレビ東京の経済報道番組はすべて録画しました。高視聴率の特集はナレーションまで書き起こし、取り上げる企業の特徴や構成を分析します。

自分ひとりでの分析ではわからないこともあります。制作したディレクター本人に疑問点をぶつけて確認したいことも出てきます。ですが、テレビの制作現場は「見て、盗め」という文化です。質問に行ったとしても、先輩ディレクターが忙しい日中の勤務時間を割いて、新人に懇切丁寧に教えてくれることはまずありません。

何とか先輩ディレクターに、まとまった時間をもらうことはできないか。私は「泊り勤務」に目をつけました。「泊り勤務」とは毎月1回、報道局の社員が会社に泊り込む当番日のことです。深夜や明け方に事件が起きても対応できる体制を敷いているのです。その当番の日だけは、特に何も起きなければ忙しくはありません。

私はお目当ての先輩ディレクターの「泊り勤務」を狙って、深夜まで会社に残ります。そして、手の空いた頃合いを見計らって、質問をぶつけるのです。わずかな仮眠を取って、朝から通常の仕事に取り組みます。文字通り睡眠時間を削って、研究に取り組んだのです。

研究対象は、自社の番組に留まりません。「NHKスペシャル」、日本テレビの「バンキシャ」、TBSの「情熱大陸」、テレビ朝日の「報道ステーション」など、他のテレビ局の看板番組はすべて録画し、分析しました。自分の番組制作業務に加えて、日々の研究。当時の私は、1カ月に5日は会社で徹夜作業、休日は1日あればいいほうでした。

そんな毎日を3年ほど過ごした頃。ようやく、ひとつの法則が見えてきました。

「一度出て終わり」ではなく、テレビに何度も出て成長し続ける企業には、共通の特徴があるということ。それは、**共通の型の「ストーリー」を持っている**ということでした。

ストーリーによってテレビに出続けるには、商品に際立った特徴は全く必要ないという意外な事実も同時に見えてきたのです。

▼ストーリーだから、商品に特徴がなくても何度も出られる

仮に斬新な新商品を発表してテレビに取り上げられたとしても、その商品では1日しか出ることができません。新商品は発表した翌日には、新しい商品ではなくなるからです。新商品だけでは、何度もマスコミに出ることはできないのです。

新商品とは反対に、ストーリーは簡単には古びません。極端な例ですが、シェークスピアの作品は400年以上経た現代でも上演され続けています。織田信長や豊臣秀吉、忠臣蔵のストーリーは結末がわかっていても、何度も見てしまいます。技術は進化しても、人間が面白いと思うものはそれほど変わらないからです。

簡単には古びないという性質によって、何が起こるのでしょうか。

「この話、見たことあるな……」

日本のものづくりを守ろうとする町工場。倒産の危機を乗り越えた経営者の奮闘。閉鎖的な業界の慣習に挑む起業家。

同じ企業、あるいは同じパターンのストーリーを、メディアの種類を超えて、何度も目にした経験が必ずあるはずです。

メディアに何度も出る連鎖反応が起こる仕組み

ストーリーを打ち出す

↓

一部のマスコミが取り上げる

↓

それを見た他のマスコミも取り上げる

ストーリーは古びないから
マスコミの連鎖反応が起きやすい

新聞、雑誌、そしてテレビ。**同じストーリーがメディアの種別を超えて、何年にもわたって取り上げ続けられるという、連鎖反応が起きるようになる**のです。

例として、日本酒「獺祭」で有名な、山口県岩国市の旭酒造を見てみます。

今やマスコミの常連となった旭酒造。杜氏の経験と勘に頼らない科学的な酒造りや、純米吟醸酒に特化した商品構成、積極的な海外展開など、日本酒業界の常識を次々と打ち壊したことで知られています。

２００５年、毎日新聞の地方版の「あすを拓く：やまぐち企業トップ列伝」と題した記事で、旭酒造の取り組みが紹介されています。

当時、旭酒造は従業員7名、売上高3億円ほどの無名の中小企業です。桜井博志社長は記事のなかで、このように話しています。

10年以上ともに酒を造ってきた杜氏が98年にＦＡ宣言。これが変革の機会になった。日本酒造りは杜氏集団による技の伝授。でも、うちは最初Ａ４で5、6枚のマニュアルから吟醸酒造りを始めた。「ならば」と、今度は地元で求人し素人の若者を集めた。彼らは、先入観を持たず、いい酒をつくるために働く。吟醸酒のみを醸し、その技術ではどこにも負けないいほど成長した。

（毎日新聞　２００５年6月3日地方版）

２０１０年頃になると、旭酒造の挑戦はさまざまなマスコミで何度も取り上げられるようになります。「日経ビジネス」では、「売れない時代に私が売る」と題した特集で、旭酒造のストーリーを紹介しています。

大吟醸酒というと、杜氏と呼ばれる職人の伝統的な手造りを連想するかもしれないが、旭酒造のやり方は違う。

同社は99年に杜氏から社員による酒造りに完全移行した。この中には酒造りの経験がない20代の社員も含まれる。原料米は酒造米の最高峰と呼ばれる「山田錦」一本。麹や酵母、仕込み量も同じ。基本的な条件が一緒であれば、温度などのデータを細かくチェックして変化に素早く対応することで、誰でも酒造りができる体制を整えた。

（「日経ビジネス」２００９年7月13日号）

そして、２０１４年。テレビ東京の「カンブリア宮殿」に桜井社長は出演します。タイトルは「倒産寸前〝負け組〟酒蔵が起こした奇跡！　ピンチに挑み続けた大逆転経営」。番組紹介サイトには、このように書かれています。

この40年間で、市場規模が3分の1にまで縮小している日本酒。そんな中、破竹の勢いで売り上げを伸ばしているのが、山口県の旭酒造が造る、純米大吟醸酒「獺祭」だ。

社長の桜井博志は、1984年、父の急逝により34歳で酒蔵を継ぐ。当時の旭酒造は山奥の小さな酒蔵で、販売不振にあえぎ「県内でも〝負け組〟だった」という。ところが2012年、旭酒造は純米大吟醸酒のトップメーカーに躍り出た。売り上げもこの1年で56%アップの39億円。注文に対して生産が追いつかないほどの人気の日本酒になった。地方の小さな酒蔵に、いったい何が起きたのか？　ピンチに挑み続けた大逆転経営が明らかに！

（2014年1月16日放送）

2018年。「日経ビジネス」は「『負け』を認めること。会社を変えたいなら、まずそこから始めよう」という記事で、桜井社長のインタビューを掲載しています。

10年以上にわたってマスコミで語られている旭酒造のストーリーは、ほとんど変わっていません。地方版の小さな記事で取り上げられた当時は従業員7名、売上高3億円だった旭酒造ですが、今では売上高100億を突破、従業員は200名を超えています。

メディアの種別を問わず、**マスコミはかつてないほどネタに飢えています**。「使えるネタ」をどこかのマスコミが見つけると、その記事や番組を見た他のマスコミも取り上げるようになるのです。消費期限が1日しかない新商品では、こうした連鎖反応は起きようがありません。

商品そのものに他にはない特徴は不要というのも、ストーリーでテレビに出続ける企業に共通する法則です。

旭酒造の獺祭は高い品質を誇る、素晴らしい日本酒です。ですが高品質の日本酒は、獺祭しかないというわけではありません。旭酒造の桜井社長が獺祭の味わいだけを訴えていたとしたら、マスコミがこれほどまでに取り上げることはなかったでしょう。

商品そのものに際立った特徴がなくてもよいというのは、実は当たり前の話なのです。なぜなら、**ストーリーの主人公は常に人間**だからです。

商品という物体は自分の意思で話すことも、想いを抱くこともありません。物体はストーリーの主人公になれないのです。主人公になれるのは、商品を生み出し、支えている人間だけです。だからこそ、主人公ではない商品に際立った特徴は不要なのです。

▼中小企業の最強の武器がストーリー

ストーリーでマスコミに出続ける企業をさらに分析していくと、ほかにも興味深い事実が浮き彫りになってきました。**大企業より中小企業のほうが、圧倒的に取り上げられる機会が多い**ことに気がついたのです。

私が最も詳細に研究した番組のひとつにNHKの「プロジェクトX」があります。2000年代に放送された人気番組で、最高視聴率は20・0%。企業を取り上げたドキュメンタリー番

商品に特徴がいらない理由

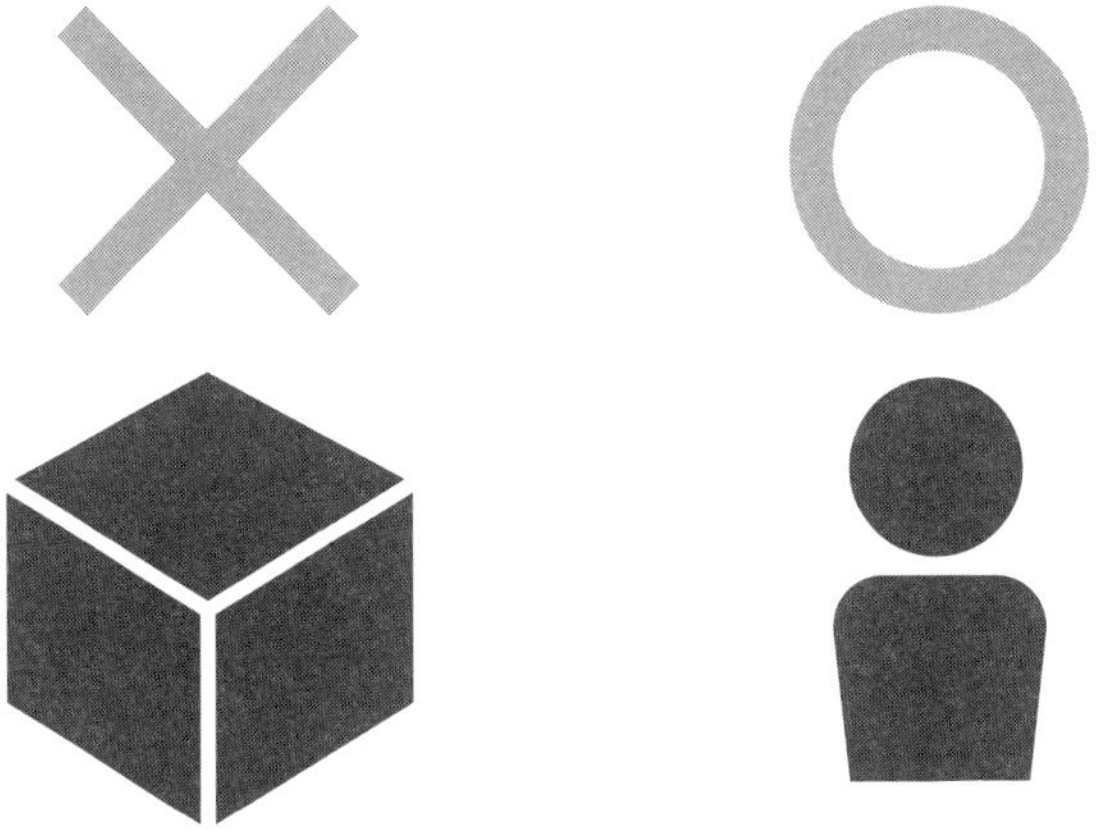

ストーリーの主人公は
商品を生み出すヒト。
だから、商品に特徴は不要

組としては、驚異的な視聴率を叩き出しました。

ＮＨＫの番組紹介サイトには、このように書いてあります。


無名の日本人を主人公に、新製品の研究開発、社会的事件、巨大プロジェクトなどに焦点を当て、その成功の陰にあった知られざるドラマを伝える「組織と群像の物語」


「新製品の研究開発、社会的事件、巨大プロジェクト」が取材対象ですから、大企業が主役になりやすいはずです。ところが、各回を詳細に見ていくと、意外な事実が見えてきます。

「プロジェクトX」の最終回を除く全１８６回のうち、主役が中小企業、地方団体、大企業の創業期だった回は合計86回。46％と半数弱です。「新製品の研究開発、社会的事件、巨大プロジェクト」を取り上げるという番組の趣旨からすると、半数弱というのは大健闘と言えます。大企業を取り上げた回にしても、そのほとんどは社内の非主流部門が主役です。いわば、大企業のなかの中小企業のようなものです。

「ガイアの夜明け」では、この傾向はより顕著に現れています。２０１６年の放送回数は51回。そのうち中小企業、地方企業、ベンチャー企業、個人事業主など、大企業以外が取り上げられた回は44回にも上ります。全体の86％で、大企業以外に焦点が当たっているのです。２０１７年では放送回数49回のうち42回で、やはり86％。２０１８年も同様で、全50回のうち37回で74％となっています。

「ガイアの夜明け」で中小企業を取り上げた割合

2016年	86%
2017年	86%
2018年	74%

小さな存在、あるいは挑戦者である
中小企業はストーリーの主役にしやすい

「ロッキー」「スター・ウォーズ」「ハリー・ポッター」などの世界的な大ヒット映画を見ても明らかなように、「弱者が強者に挑む」という構図は、共感を得るストーリーのまさに王道中の王道。**ストーリーを武器にすることは、「小さな存在」である中小企業にとって理にかなった戦略**なのです。

ストーリーと言っても何か特別なもの、奇抜なものである必要は全くありません。

創業の際の苦闘、看板商品の開発秘話、不況での倒産危機、事業承継への想いなど、すべての中小企業が持っているようなもので、かまわないのです。小さな存在である中小企業が、何か大きな困難に挑む。そこには必ず、多くの人の共感を得る要素があるからです。

対照的に、大企業ではこうはいきません。

中小企業では当たり前に存在しているストー

リーの種ですが、大企業のなかで見出すことは、実は至難のわざです。

「有名大学を卒業後、大企業に入社。順調に出世の階段を駆け上がり、30代で課長に。優秀なプロジェクトメンバーを束ね、綿密な市場調査をした上で新商品を開発。潤沢な広告費を投じた結果、新商品はヒット。同期入社で最速となる部長の座も見えてきた……」

こんなストーリーを聞かされて、面白いと思う人や共感する人はまずいません。ですが、大企業ではこれが普通です。すでに圧倒的な強者となっている大企業が、魅力的なストーリーを手に入れることは、極めて困難なのです。

ソニー、パナソニック、ホンダなど、日本を代表するような大企業でも、語り継がれているのは、いまだに中小企業だった当時のストーリーです。

どの中小企業にも当たり前のようにあるストーリーの素材。それらをどのように編集し伝えれば、テレビに何度も出ることができるようになるのでしょうか。次章から詳しく見ていきます。

2
章

テレビ攻略の原理原則

01 テレビが取り上げるニュースの原則

▼ニュースとは、誰も気づいていない波紋

商品に特徴のない会社でも、タダで、何度も、テレビに出続ける。そのための具体的な方法を書いていく前に、テレビニュースの原理原則について述べていきます。この原理原則の理解が十分でないと、ノウハウを正しく使いこなすことができないからです。

そもそも、ニュースとは何なのでしょうか？

何度もテレビに出るために押さえるべきなのは、辞書に書いてあるような定義ではありません。必要なのは、**ディレクターや記者といったニュースの伝え手たちが、暗黙のうちに持っている共通認識を把握しておく**ことです。テレビに何度も出続けるためには、この共通認

識に沿った情報発信をしなくてはならないのです。

私が「ワールドビジネスサテライト」のディレクターだった頃に、当時のプロデューサーの言葉で忘れられないものがあります。

「ニュース取材とは、静かな水面に起きたばかりの、誰も気づいていない小さな波紋を探すこと」

これほど見事にニュースを伝える側の感覚を表現した言葉を、私は聞いたことがありません。「水面」を「世の中」に、「小さな波紋」を「変化の兆し」と読み換えれば、よりわかりやすくなります。世の中の変化の兆しを真っ先に捉え、伝える。これが伝え手の考えている、ニュースなのです。

世の中と言っても、何か大げさなものではありません。業界、地域、職場環境など、身近なものでかまいません。

小さな波紋は、やがて水面全体を覆うように大きく広がっていくものです。大きく広がる可能性があるからこそ、今は小さな波紋であったとしても、報道番組の取材対象になりうるのです。「どこかの極めて特殊な会社で起きている珍しい出来事」だと、他の一般的な企業にまで広がりようがありません。ユニークだからといって、報道番組に取材されるわけではない理由が、ここにあります。

ニュースとは何か

ニュース
＝
世の中の変化の兆しを
真っ先に捉え、伝えること

- 世の中に広がりようがないユニークさは取材対象にならない
- 99%を占める中小企業の変化は社会全体の変化になりうる

中小企業庁の調べによると、日本の企業の99%が中小企業です。中小企業で起きている出来事のほうが、圧倒的に「やがて水面全体に広がる波紋」になりやすいのです。

中小企業には小さな波紋があふれています。中小企業の経営者、あるいは働いている本人が「小さな波紋」を見逃しているだけなのです。

▼テレビが選ぶ企業の3原則

ここまでは伝える側が考えている、ニュースの原則を押さえました。さらに掘り進めて、ニュースとして企業が取り上げられるパターンを見ていきます。

ニュース番組で取り上げられる企業には、3種類あります。

「①日本経済を象徴しているか」「②今どき感があるか」「③ストーリーがあるか」です。

①日本経済を象徴しているか

その企業の動向が、日本の経済そのものを象徴している場合です。代表例は、トヨタ自動車です。トヨタ自動車の決算や新車発表は、必ずと言っていいほどニュースとして取り上げられます。その理由は「大企業だから」というだけではありません。トヨタ自動車が、日本の自動車産業全体の行方を象徴する存在だからです。トヨタ自動車の新たな取り組みは、日本の自動車業界、ひいては製造業全体を変える可能性があります。

ソフトバンク、パナソニック、ソニーといった企業も同様です。何を発表しても、ニュースとして取り上げられる企業です。

こうした企業は、日本に30社もありません。テレビ出演を狙う中小企業には、全く関係ない領域です。参考として、押さえておいてください。

②今どき感があるか

「今どき感」とは時代を先取りするような要素です。「流行語大賞」や「ヒット商品番付」に出てくる言葉や商品に関係するものが代表例となります。これは、ニュースの条件である「変化の兆し」そのものです。「今どき感」のある領域で事業を行なっている企業には、かなり強力な武器となります。事業内容をそのまま説明するだけで、ニュースとして取り上げられるからです。

ただし「①日本経済を象徴しているか」と同じく、世の中の圧倒的大多数の中小企業には、関係のない領域です。

③ストーリーがあるか

これこそ、中小企業の本命です。「①日本経済を象徴しているか」「②今どき感があるか」では勝負できない、ほとんどの中小企業にとって、ストーリーこそ勝負を賭けるべき舞台になります。

テレビが取材する企業の３原則

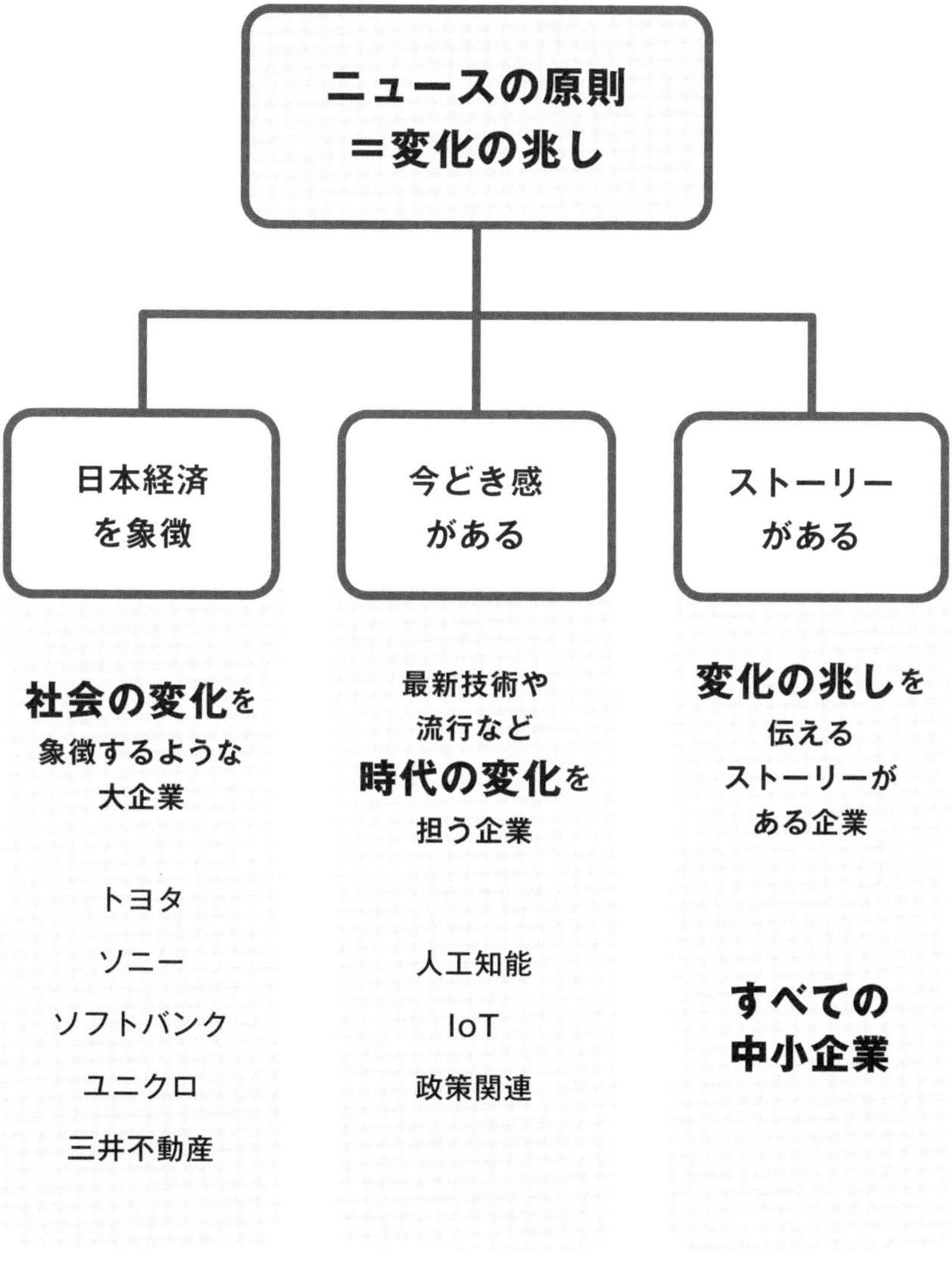

ただし、ストーリーには押さえておくべきポイントがあります。それはニュースの原則である「世の中の変化の兆し」が、わずかでも感じられるストーリーでなくてはならないということです。制作者の側からすると、このポイントを外しては、もはや報道番組とは言えなくなってしまうからです。

▼なぜ、テレビ制作者はストーリーを取り上げるのか

ストーリーのある企業を、なぜテレビの制作者は好んで取り上げようとするのでしょうか。

その理由は、大きく3つあります。

・視聴率が取りやすい

テレビ制作者は視聴率を気にするものです。視聴率を得るには、多くの人に長い時間、見てもらわなくてはなりません。

多くの人に見てもらうには、ストーリーは最適の方法です。なぜなら前述の通り、ストーリーの主人公は人間だからです。特定の商品に焦点を当てると、その商品に関係のある人しか興味を持ちません。ですが、主人公が人間であれば、商品の属する業界に縛られることなく、より広い関心を得ることができます。

長時間にわたって見てもらうのにも、ストーリーは適しています。ストーリーは商品の特徴

を簡潔に説明するためのものではありません。人間が商品を生み出す過程を伝えるための方法です。結果だけではなく過程まで見せるのですから、当然、長くなります。

数々のヒット映画の例を挙げるまでもなく、多くの人たちに長時間、楽しんでもらうために、ストーリーは最も適した方法なのです。

・取材対象のテーマに幅が出る

「①日本経済を象徴している」ような企業は、せいぜい30社程度しかありません。「②今どき感がある」企業ばかり取材していては、番組は偏った印象を与えてしまいます。対照的に、「③ストーリーのある企業」は地域、業種、規模を問いません。番組制作者の立場からすると、ストーリー形式にすることで、取材対象となるテーマの幅を一気に広げることができます。

・制作者としてやりがいがある

「①日本経済を象徴している企業」「②今どき感がある企業」を伝えるのは誰がディレクターであったとしても、実は大差ありません。視聴者が知りたいと思う情報をコンパクトにまとめ、そのまま伝えるだけだからです。ディレクターがつくり手としての個性や創意工夫を投入できる余地は多くはありません。

「③ストーリーのある企業」は対照的に、すべてがディレクターの手腕にかかっています。取材先の企業のどのような側面を伝えるか。インタビューした相手から、どのような言葉や表情を引き出し、どのような構成で伝えるか。すべて、ディレクターの裁量に委ねられています。苦労は多いですが、番組制作者としてのやりがいを実感できるのが、ストーリー形式なのです。私自身も「ワールドビジネスサテライト」のディレクターだった頃は、ストーリー形式の特集ばかりつくっていました。

では、中小企業がストーリー形式でテレビで取り上げられるには、何をどのように打ち出すべきなのでしょうか。それについては、次章から詳しく説明していきます。

02 テレビ攻略に人脈不要

▼テレビに出るには、正面突破あるのみ

「番組のディレクターと親しくなれば、テレビに出ることができる」

最もよく聞く誤解のひとつです。**ディレクターと親しくなっても、出演の可能性はほとんど変わりません**。私自身、親しいという理由だけで番組に取り上げたことは、一度もありません。

これは何も、私が特別だったということではありません。他のディレクターも大差ないでしょう。「親しくなれば、出ることができる」という認識は、ディレクターの仕事をあまりに甘く見すぎています。

番組制作は趣味でも何でもなく、ディレクターにとっては仕事そのものです。「親しい」な

どという理由で出していては、番組の質が確実に下がっていきます。質の低下は隠せるものではありません。番組を放送すれば、すぐに誰の目にも明らかになるものです。そして、視聴率にも影響します。

ディレクターのほとんどはテレビ局、あるいは制作会社の社員です。番組の質や視聴率の低下は、ディレクター本人の社内評価に直結します。評価が下がれば、昇進や人事異動にも影響します。フリーランスのディレクターであれば、仕事そのものがなくなります。ディレクターの立場からすると、「親しい」という理由で取材対象を決める余裕など、どこにもないのです。

看板番組をつくっているのはディレクターのなかでも、エース級の人材ばかりです。看板番組のディレクターが取材先を選ぶ基準は「いい番組にできるかどうか」という一点に尽きます。こうした高いプロ意識を持っているからこそ、看板番組を任されているのです。

「親しくなってなんとか出してもらおう」などという考えは捨て、ディレクターが「いい番組にできそうだ」と思う情報を打ち出すことに専念してください。

▼「プレスリリースは読まれていない」のウソ

中小企業が自社の情報をディレクターに伝えるのに最適な手段が、プレスリリースです。

「プレスリリースなんて読まれていないから、出すだけムダ」

こんな声を聞くことがありますが、これも大きな誤解のひとつです。**ディレクターは番組宛てに送られてくるプレスリリースのすべてに目を通しています。**

私が「ワールドビジネスサテライト」のディレクターだったとき、こんなことがありました。「ワールドビジネスサテライト」は、夜の遅い時間に放送している番組です。ですから、担当しているディレクターは昼から出社し、深夜まで働いています。午前中のオフィスは通常、人が少ないのです。

その日、午前中の取材予定があった私は早い時間に出社しました。オフィスでは、すでに先輩ディレクターが朝からプレスリリースの束を真剣な眼差しでチェックしています。そして、1枚のプレスリリースを見ると、すぐに電話に手を伸ばしました。そして電話口で自己紹介などを簡単に済ませた後、こう言ったのです。

「今から取材に伺わせていただけますでしょうか。放送予定は、今日の夜です」

午前中にプレスリリースを見て、午後に取材し、会社に戻ってそのまま編集し、その日の夜に放送してしまう。なんとも慌ただしいスケジュールに見えますが、こうした光景は、実はそれほど珍しいものではありません。番組のクオリティを上げるため、ギリギリまで取材先を探しているのです。

さすがに、当日まで取材先を決めていないのは撮影手配などの進行上、問題がないとは言えません。ですが、ギリギリまで粘りたくなるディレクター気質も、よくわかります。

ディレクターは、常に取材先探しに困っているのです。些細な手がかりでも、逃さないようにしています。書店に行っても、街のどこかの店に入っても、何か番組にできるものはないかと目を凝らしています。

日々、取材先探しに困っているディレクターの立場からすると、プレスリリースを読まないという選択肢はありえないのです。

▼有名企業のやり方を真似しても無意味

「ディレクターと親しくなってもテレビに出られるわけではない」「ディレクターに情報を伝える最適な方法がプレスリリース」だと書きました。しかし、これらの法則が唯一、当てはまらない種類の企業があります。唯一の例外とは、世間の注目度が極めて高い企業です。トヨタ自動車、ソニー、パナソニック、ユニクロ、そしてソフトバンクといった、日本を代表するような企業のことを指しています。

なぜ、こうした企業が例外となるのでしょうか。私が「カリスマ経営者」を取材したケースを例に説明します。

私がディレクターとしてソフトバンクの孫正義社長に密着取材し、「ガイアの夜明け」をつくったときのことです。孫社長ほど注目を浴びている経営者になると、スケジュールの都合などもあり、すべての取材依頼に応えることはできません。どの取材を受けて、どの取材を断るか。その選択権は、あくまでソフトバンク側にあります。どのマスコミも「取材を受けてもらえるなら、いつでも対応する」という立場だからです。

こうしたカリスマ経営者の取材が実現するタイミングは、取材を受ける側に何らかの意図がある場合がほとんどです。私が孫社長を「ガイアの夜明け」で取材した時期は、ちょうどソフトバンクがプロ野球に参入したときでした。ソフトバンクとしては、テレビ番組などを通じて、新しいブランドイメージを打ち出したい時期だったのです。

さらに、カリスマ経営者の取材には、取材する側と取材される側の信頼関係も必要となってきます。いくつもの依頼があるなかで、企業としては信頼できない相手の取材をわざわざ受けようとは思わないからです。

「ガイアの夜明け」で孫社長を取材する前、私は「ワールドビジネスサテライト」のＩＴ・電機業界担当のキャップとして、記者会見やインタビューなど１００時間以上にわたって、孫社長を取材していました。当時は間違いなく、日本で最も孫社長を取材していたディレクターでした。このようなやり取りを通じて、取材する側と取材される側の信頼関係は形成されていきます。そうした積み重ねがあった上で「カリスマ経営者」の密着取材が実現するのです。

アップルのスティーブ・ジョブズ氏やマイクロソフトのビル・ゲイツ氏を「ワールドビジネスサテライト」のディレクターとして独占取材したときも同様です。いずれの場合も、その会社の広報責任者から私に直接打診があったものです。

独占取材を働きかける際には、プレスリリースは使えません。プレスリリースとは、すべてのメディアに等しく情報公開するための方法だからです。そんなときに、広報担当としてはディレクターとのつながりが活きてきます。面識がない相手に、内々の話を持ちかけることはできないからです。

独占取材に至る過程では取材する側と取材される側の間に、貸し借りの関係が生まれることも珍しくありません。ディレクターからすると、他のテレビ局の取材を断ってもらい、独占取材に協力してもらったときなどは、企業への「借り」の典型です。本来は番組で取り上げるほどでもない新商品発表会であったとしても、「借り」を返すために好意的に取り上げることもあります。それがテレビの制作現場の生々しい現実でもあるのです。


このようにディレクターとの人間関係や直接の売り込みは、「カリスマ経営者」を擁するような企業にとっては有効な手段となります。ですが、中小企業では全く使うことができない方法です。こうしたやり方は企業の側がマスコミを選ぶ立場にあるということを前提として、機能するものだからです。

ディレクターは他のマスコミに競り勝って、「カリスマ経営者」の独占取材を獲得したいと考えています。一方、企業としては独占取材に協力した「貸し」をディレクターに返してもらうこともできます。ディレクターと企業の双方に人間関係を構築するメリットがあるからこそ、成立するものなのです。

ところが中小企業では、ディレクターの側に人間関係をつくるメリットがないのです。有名企業のように、中小企業から取材を断られることは考えられません。万が一断られたとしても、ディレクターとしては特に困るというわけでもありません。中小企業は「他のテレビ局に独占取材を取られたくない」存在ではないからです。

中小企業と人間関係をつくるメリットがないので、ディレクターは情報をプレスリリースで送ってほしいと考えています。会えばどうしても1時間は付き合わざるをえませんが、プレスリリースを読むだけなら10秒もあれば十分です。売り込みにすべて応じていては、時間がいくらあっても足りません。

相手に何のメリットもない押し売りのようなやり方を追求しても、効果が出ることはありません。日本に数えるほどしかない巨大企業のやり方を中小企業が真似ても、意味がないのです。

プレスリリースにテレビが好むストーリーの要素を書き込んでおけば、押し売りのような真似をしなくても、テレビの側から取材にやってきます。

03 テレビをめぐる誤解と真実

▼雨が降るのは誰のせい？

「なぜ、ここまで誤解されているのだろうか」

ネットや書籍など、巷にあふれる「テレビ攻略法」を目にしたときに、このように思うことがよくあります。

実際に報道番組をつくっていた立場から見ると、全く効果のなさそうなもの、あるいは逆効果になりかねないものすら数多くあります。

多くの誤解がまかり通っている原因は3つあります。

①番組制作経験がないがゆえの誤解

「実際に経験しなければ、わからないことがある」

これはテレビ業界に限らず、あらゆる業種に共通することです。誤解を発信している人々に悪意があるとは、決して思いません。単純に「自分がわかっていないということを、わかっていない」のです。

テレビをめぐる数多くの誤解を目にして、思い出した言葉があります。「雨男」「雨女」という言葉です。その人が外出するときは雨が降ることが多い。そんな人のことを「雨男」「雨女」と呼ぶことがあります。

言うまでもなく「雨男」や「雨女」に、本当に雨を降らせる力があるわけではありません。実際に雨になることが多かったとしても、それは単なる偶然にすぎません。偶然と言いきれるのは、天候を動かしている科学的なメカニズムがあることを私たちは知っているからです。

もし、科学の存在を知らなければ、どう考えるでしょうか。「雨男、雨女のせいで雨が降った」と信じたとしても、不思議ではありません。実際、昔は雨乞いの儀式があり、生命を生贄として差し出すことすらありました。気象のメカニズム以外の何物かが天気を定めていると信じられていた時代があったのです。

「雨男・雨女」と降雨の関係のように、実際の番組制作経験がなければ、番組に出た理由が仮に偶然だったとしても、それを必然だと勘違いしても不思議ではありません。

②狭くて、誰も辞めないという業界の特徴

本書の冒頭で記した通り、東京の民放社員として、企業取材を専門としているディレクターは200人程度しかいません。そして、ほとんど誰もテレビ局を辞めません。経験者が少なく、しかも自由に発言できる立場の人間に至ってはほとんどいないのですから、実態が「業界の外」に出にくいのは当然です。

③淘汰の仕組みが働きにくい

テレビに関する誤った情報を流している人物がいたとします。こうした誤った情報のやっかいな点は、何となく正しそうに聞こえるものだということです。ですから、多くの人間が信じてしまいます。

前述の通り、テレビ業界の外には実情が知られていません。業界外の人間が正誤を判断することは困難です。

テレビ業界内の人間が過ちを指摘することもありません。テレビ局の社員としての立場がありますから、わざわざ無用のトラブルを自ら招き入れるようなことはしません。結果、誤った情報がそのまま流布されることになってしまうのです。

報道番組への誤解が広がる理由

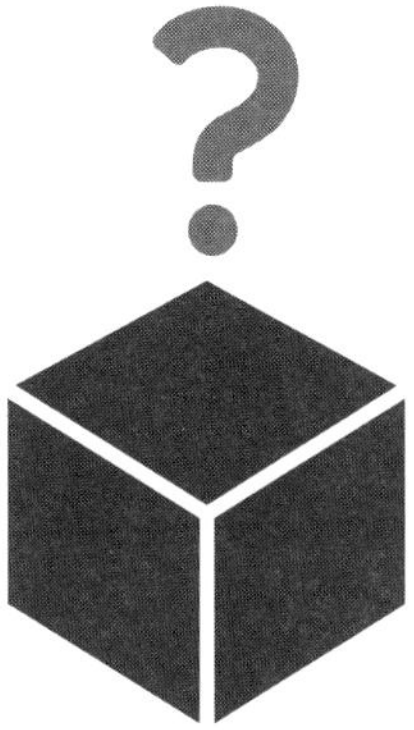

① 番組制作経験がないがゆえの誤解

番組制作経験がない人々がもっともらしい推測を拡散

② 狭くて、誰も辞めないという業界の特徴

テレビ局の離職率はほぼ０％
誰も辞めないので業界外に情報が流れない

③ 淘汰の仕組みが働きにくい

テレビ局社員は立場上、
誤解を目にしても公の場で正しにくい

▼FAX1枚、300万円

「いくら払えば、『ワールドビジネスサテライト』や『ガイアの夜明け』に出られるのですか?」

こうした質問を受けることがよくあります。これこそが、テレビをめぐる最大の誤解です。結論から言えば、いくら払っても出ることはできません。「300万円で、出ることができます」などと、PR会社から持ちかけられたという話もよく聞きますが、対価を払って報道番組に出られるなどということは絶対にありませんので、鵜呑みにしないでください。

なぜ、報道番組の出演枠を買うことはできないのでしょうか。

「テレビ局も営利目的でやっているのだから、出演枠を売るのは当然ではないか」

このように思われるかもしれません。対価を払っても出演できない理由を理解するためには、テレビ業界の基本的な仕組みを押さえておく必要があります。

民放の報道番組には、スポンサーがついています。スポンサーは広告会社を介して、番組の広告枠を購入します。スポンサーとテレビ局の直取引は、基本的にありません。スポンサーは電通や博報堂といった大手広告会社を通して広告枠を購入することになります。

もし、どこかのPR会社を介して、出演枠が売買されていたら、どうなるでしょうか。出演枠を売っているということがスポンサーの耳に入ったとします。そうなったら、スポンサーに対する広告会社の面子は丸つぶれです。大手広告会社は、テレビ局にとって最も重要な取引先です。テレビ局が大手広告会社の面子を潰すようなことは絶対にしません。

そもそも数百万円で番組に出られるのなら、数千万円払って報道番組のスポンサーになる企業はいなくなります。出演枠を売ることは、テレビ局にとって何もいいことはないのです。

では、大手広告会社を介して「1億円払う」と言えば、出られるものでしょうか。それでも、テレビ局の答えは変わりません。

メディアの競争力の源泉は、突き詰めると信用力です。放送内容に信用があるから、視聴者を得ることができます。視聴者がいるから、スポンサーがつきます。そのサイクルが、テレビ局の数千億円の年商を生み出しているのです。

出演料を払った企業を取り上げるというのは、視聴者に対する重大な裏切りです。わずかな売上増のために番組の信用を売り渡すことは、メディアにとって自殺行為です。長い目で見れば、必ず損になります。このことはテレビ業界全体の共通認識です。

テレビの報道姿勢に対して、現実には数多くの批判があります。テレビの制作者自身が、自分たちの報道姿勢を完全に肯定しているわけでもありません。視聴率を取ることだけが目的と化した番組を目にすることもあります。制作者の価値観を押しつけているだけとしか思えないような番組もあるでしょう。

しかし、批判されても仕方がないような報道番組があったとしても、金銭で報道番組の出演枠を売るという「最後の一線」を越えることだけは、決してありません。

確かに、テレビ局にも出演枠を販売しているような番組は存在します。ですが、それは報道番組では絶対にありえないことです。

万が一、ディレクターが会社に隠れて私腹を肥やすために出演枠を売っていたとしたら、どうなるでしょうか。それがばれたときには、そのディレクターが社員であれば、確実に懲戒解雇となります。制作会社であれば、半永久的にそのテレビ局には出入り禁止となります。それほどまでに、報道番組の世界では「絶対にやってはいけない行為」なのです。

それでも「300万円で、出ることができます」という実現不可能な誘い文句が裁判沙汰にもならず、後を絶たないのは、なぜでしょうか?

これは裏口入学詐欺と同じ構造です。裏口入学を持ちかける詐欺師は、このように言います。「理事長とパイプがあるので、入学を頼んであげる。ただし活動資金として300万円が必要だけど」

詐欺師は実際には何もしません。そもそもできることが、何もありません。受験生が実力で合格したら、「自分の働きかけの成果」だと胸を張って、「活動資金」をそのまま自分の懐に入れます。落ちたら「点数が低すぎて、さすがに無理だった」などと適当な理由をつけます。トラブルになりそうであれば「活動資金」をそのまま返還すれば、問題が大きくなることはありません。

理事長を番組制作者に、入学をテレビ出演に置き換えれば、そのまま報道番組出演をめぐる詐欺の構図が成り立ちます。

「出演料を払えば出演できる」などという誘いを持ちかけるPR会社が実際に行なう作業と言えば、企業から預かった原稿をプレスリリースの書式に置き換えて、FAXで流す程度です。それだけのことで、300万円を平然と受け取っている会社が実際にあるのです。くれぐれも悪質な一部のPR会社の毒牙にかからないよう、ご注意ください。

▼「画にならないとテレビは無理」の真実

「それで、どんな画がほしいの?」

テレビ取材に慣れている大手ゲーム会社の広報部長が、私との打ち合わせで発した第一声です。ある程度テレビ対応の経験のある方がよく口にするのが、「テレビは画になるものをほしがる」という言葉です。

「画になる」とは、食べ物や店舗、自動車、家電製品など目に見える物体がある、あるいは有名芸能人が登場するような派手なイベントなど、映像として見栄えのいい要素があることを指しています。
裏を返すと、「画にならないものはテレビで取り上げられない」という見方になります。こんな話を聞いて、ソフトウェア、金融、不動産、物流、商社などはテレビでは難しいと、最初からあきらめる方も少なくありません。

これは半分は本当ですが、半分は外れています。

画になる題材は番組に仕立てやすいというのは、本当です。ですが、画になる題材しか番組にならないかというと、そうでもありません。というのも、本当に腕のいいディレクターは、**画にならないものでも映像として表現できる技術を持っている**からです。

最もわかりやすい例が、ＮＨＫなどの歴史番組です。例えば、戦国武将を取り上げるとします。普通に考えれば、撮影できるのは城跡や戦場跡、記念碑、古文書、大学教授のインタビューなど、画にならないものしかありません。

ところが歴史番組では再現ドラマ、ＣＧといったさまざまな映像技法を駆使して、興味深く見せていきます。古文書を紹介するにしても、ただ机の上に置いた紙を撮るわけではありません。わざわざ博物館の倉庫の扉を学芸員が開けるところから撮影します。城跡を見せるにしても、実際に学者が歩きながら解説していきます。これらはすべて、画にならないものを見せるための技術です。

私は理系出身ということもあり、テレビ東京では「ワールドビジネスサテライト」のITや電機業界を担当するディレクターのキャップを務めていました。「ワールドビジネスサテライト」では、ディレクターを主要な業界ごとに担当分けしています。キャップとはいわば、その取りまとめ役です。

ITは、最も画にならない業界のひとつです。普通に考えれば、パソコンやスマートフォンの画面、社長や開発者のインタビューくらいしか撮影できるものはありません。ですが、私はさまざまな工夫を凝らして、映像に仕立ててきました。

画になるかどうかを、取材される側の企業が気にする必要はありません。映像としてどう見せていくのかは、その道のプロであるディレクターが考えるべきことです。

最も重要なのは、画になるかどうかではありません。**ストーリーが構成できるかどうか、**です。

▼実は有利な地方企業

東京のテレビ局がわざわざ地方に取材に行くのは大変だから、地方の企業がテレビで取り上げてもらうのは難しいのではないか。これも地方の会社からよく聞く声です。ですが、地方取材は周囲が思っているよりも大変ではありません。

ディレクターが取材に行く場合、車で移動します。カメラマン、音声スタッフ、アシスタントも同行して、カメラ、照明、三脚、バッテリーといった、かなり重い撮影機材を持ち運ぶからです。

東京にある企業を取材する際も、テレビ局を車で発ちます。東京の道路は渋滞が当たり前です。距離は短くても、現地に着くには30、40分はかかります。現地に着いたら、今度は駐車場を探さなくてはなりません。都内だと撮影現場の近くに駐車場があることは稀です。駐車場を見つけられたとしても、空いているとは限りません。

直線距離ではそれほど遠くないはずなのに、スタッフが全員揃って撮影現場にたどり着けたのはテレビ局を発ってから1時間半後などということは、珍しくありません。

関東甲信越、東海地方の取材先であれば、このような回り道は不要です。高速道路に乗って、一直線。駐車場探しのストレスもありません。2時間程度で着いてしまいます。東京都内の企業を取材するのと、移動時間はそれほど変わらないのです。

東京から2時間でたどり着かないような地方の取材先であったとしても、必ずしも不利とは言えません。というのも、東京から離れるのは、いい気分転換になるからです。毎日、都心の高層ビルに本社を構える企業ばかり取材していては、飽きてしまいます。

職業柄、ディレクターは好奇心旺盛な人間ばかりです。地方取材には、その土地の食べ物などを味わうなど、取材以外の楽しみもあります。私も北海道の礼文島や沖縄の石垣島など、行きたい土地から取材先の候補を探したことは、何度もあります。

地方だから取材されないのではありません。地方だからと最初からあきらめて情報発信をしていないから、あるいは適切な情報を発信していないから、取材が来ないだけなのです。

3章

テレビが飛びつく
ストーリー構築法

01 ストーリーをつくるための3つの軸

▼軸から外れたストーリーは、ただの身の上話

世の中にはさまざまなストーリーがあふれています。

多くの企業が自社サイトや会社紹介のパンフレットのなかで「社長の想い」「創業のきっかけ」「看板商品の開発経緯」などをストーリーの形で語っています。ですが、テレビに取り上げられるストーリーはほとんどありません。

「ストーリーを自社サイトに掲載したのですが、全く何の反響もありません。何が問題なのでしょうか」と、相談を受けることがあります。そんなときには、こうお伝えするようにしています。

「カラオケでよく聴く歌と、プロが観客に聴かせるための歌は違いますよね」

カラオケに行って、他人が歌っているのをしっかり聴いているという人はまずいません。隣の人と歌と全く関係のない話題で盛り上がっているか、自分の順番が回ってきたときに歌う曲を黙々と選んでいるかのどちらかです。

ほとんどの会社が自社サイトに掲載しているストーリーは、まるでカラオケの歌のようです。歌っている姿に酔いしれているのは、マイクを握っている本人だけ。実際には、全く相手に届いていないのです。

自社サイトのストーリーがカラオケ化しているのには、理由があります。自分が語りたいことを、ただ何となくストーリーの形にして書き連ねているだけだからです。自分にとっては語りたいことでも、聞き手にとっては他人の「身の上話」にすぎません。

オフィス街の居酒屋に行けば、どのテーブルでも武勇伝や苦労話が花盛りです。そのほとんどは同じ職場のメンバーですら、大して興味を持てないものばかりです。何のつながりもない、聞いたことすらない会社の身の上話が、それ以上の関心を得られるはずがありません。

居酒屋で聞く上司の武勇伝であれば、部下は興味がなくても相槌くらいは打ってくれます。ですが、何の気遣いもする必要がない視聴者は、実に正直なものです。「米国や中国、韓国・北朝鮮以外の海外ニュースは、視聴率が取りにくい」というのは、ニュース番組のディレクターの共通認識です。関わりのない国の出来事には、どうしても関心を持ちにくいからです。

ほとんどすべての中小企業は、視聴者にとっては聞いたこともない、何のつながりもない会

他人事を自分事に変える軸

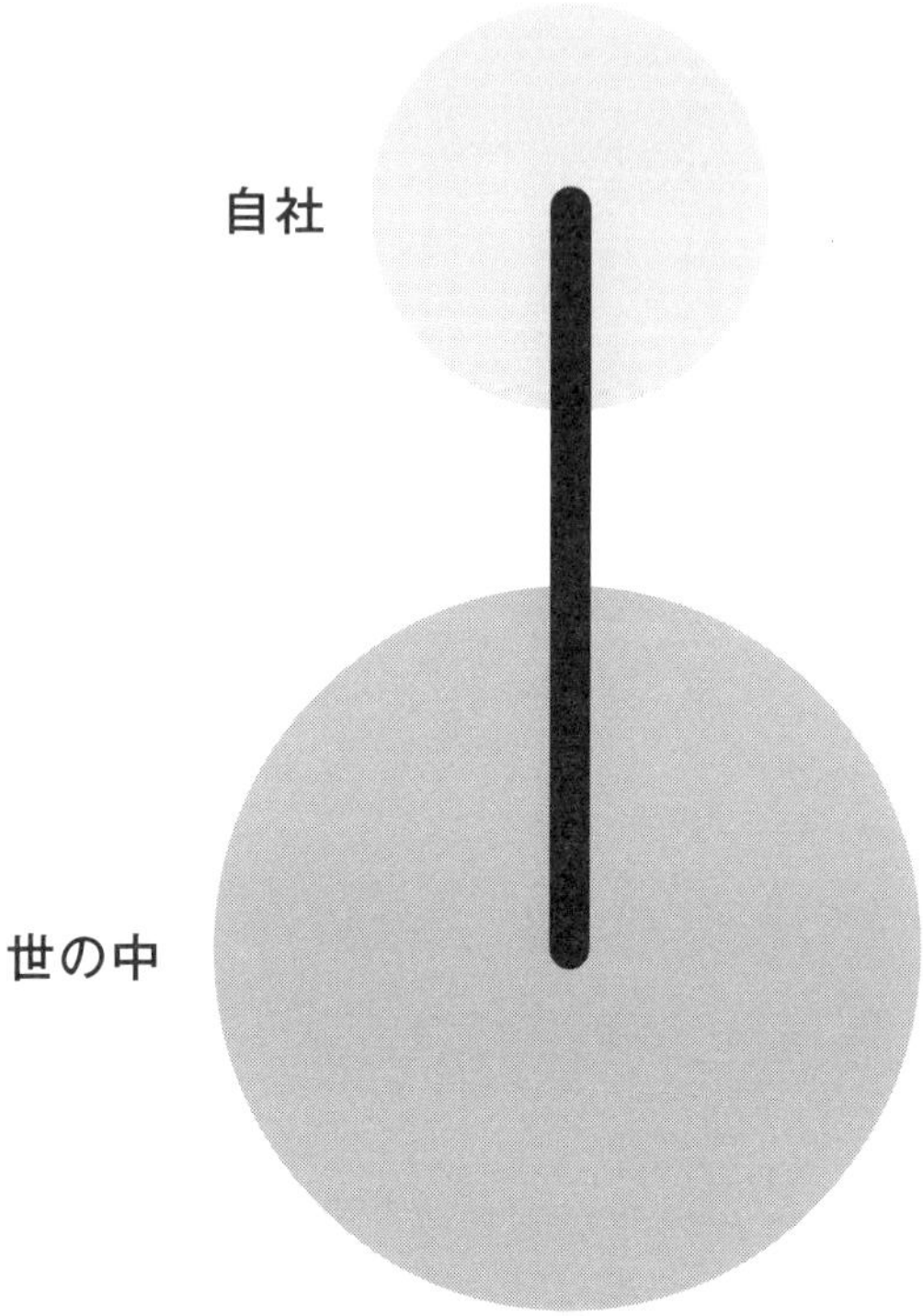

軸で結びつけなければ、すべては他人事
軸の通っていないストーリーには
無関心になる

社です。何の関わりもない中小企業と視聴者の関心を結びつけるためには、「何か」が必要となってきます。

その「何か」こそが、**ストーリーの軸**です。報道番組が取り上げる企業のストーリーには、必ず一本の軸が通っています。番組で放送される際、ストーリーはその軸を中心に展開していきます。軸とはストーリーを貫く大黒柱のようなものです。ストーリーが伝える、極めて本質的なテーマと言い換えることもできます。軸を通すことで、見知らぬ他人の身の上話が自分にも関係のある話へと変わるのです。

ディレクターが取材先企業を選ぶ際には、ストーリーに軸が通っているかどうかを嗅ぎ分けようとします。ディレクターが暗黙のうちに取材先の選定基準として意識しているものです。

中小企業が報道番組に出ようとするなら、この軸の存在をディレクターに感じさせればいいのです。ストーリーに一本の軸を通せば、テレビに出られる可能性を格段に高めることができます。

この軸は細分化すると、8種類になります。本書ではそのなかで最も使いやすく、しかも最も強力な3つの軸を用いたストーリーの構成法を説明していきます。

それは、**①社会軸、②社長軸、③組織軸**という、3つの軸です。

マスコミが飛びつくストーリー３つの軸

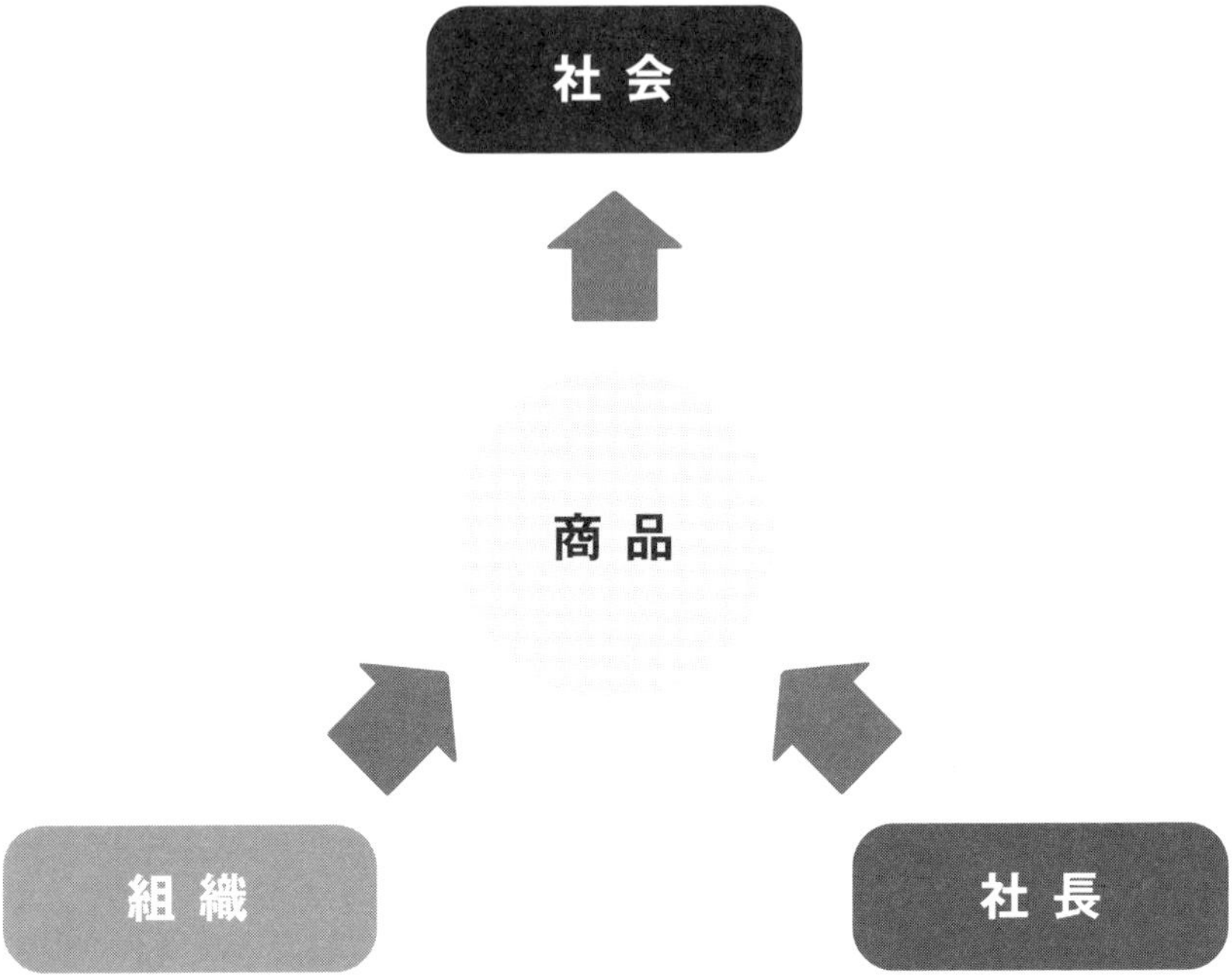

商品ではなく
・商品が働きかける対象の社会
・商品を生み出す社長や組織
に焦点を当てる

02 社会軸
――事業の目的は、世の中を変えること

▼視聴者が共感できるかどうか

社会軸のストーリーは「**企業が世の中を変えるために挑み続ける**」というものです。主人公である企業がビジネスを通じて達成したい目的。それは「社会を変えること」だと打ち出すのです。「社会を変える」などと言うと、大げさに聞こえるかもしれません。社会軸の「社会」とは地域や業界など、その会社が置かれている身近な現実を指しています。

映画「スター・ウォーズ」は、恐怖による支配で人々を抑圧する帝国軍との戦いを描いたストーリーです。主人公たちの戦いの目的は帝国軍を倒すこと。戦いの末に、自由な社会をつくり出そうとしています。主人公が帝国軍に勝てば、全宇宙の住民たちが自由な社会で暮らすことができます。戦いの目的は、主人公たちの私利私欲ではありません。

企業が挑もうとする対象は「スター・ウォーズ」同様、視聴者が「変えるべき」だと共感できるものでなくてはなりません。

例えば、過疎に悩む地域に賑わいを取り戻そうとする、業務を効率的に進められるようなシステムを開発する、高額で一部の富裕層しか楽しめなかった商品を手頃な価格で提供できるようにすることなどです。主人公である企業以外の、一般の人々にも十分にメリットがあるものでなくてはなりません。

変えようとしている対象が自社の属する業界だとします。どの業界でも、その業界特有の慣習があるものです。そうしたものには、業界の外にいる一般客の利益に反するものも珍しくありません。賞味期限が迫った食品の大量廃棄、病院の待ち時間の長さと診療時間の短さ、銀行の営業時間の短さ、複雑で煩雑な行政手続きなどです。

いずれも、その業界では当たり前のことです。業界の人間にしかわからない、厳しい事情もあるはずです。それでも、業界の外にいる人々の理解を得るのは難しいものばかりです。こうした業界の常識に挑む姿勢を打ち出すのです。

2章で「ニュースとは、世の中の変化の兆し」だと書きました。報道番組である以上、社会軸のストーリーも、この原則を外れることはありません。社会軸のストーリーでは「自分たちは社会を変えようとしている」、つまり「**変化を起こそうとしている存在**」なのだと、自分自身で宣言してしまうのです。

社会軸は大きな夢を抱く中小企業にとって、強い武器となります。なぜなら、社会軸のストーリーを打ち出すために、過去の成果は問われないからです。

「変えるために、自分たちはこれから挑んでいく」という、未来へ挑む志こそが社会軸のストーリーには必要なのです。

▼社会軸の成功例・日本酒「獺祭」の旭酒造

1章で紹介した、日本酒「獺祭」の旭酒造は社会軸ストーリーのお手本のような事例です。旭酒造が変えようとしている「社会」は、日本酒業界でした。

「安くてまずいのが、当たり前」

「高品質の日本酒を安定してつくることは難しい」

こうした当時の日本酒業界の常識は、一般の共感を得られるものではありませんでした。高品質の日本酒を当たり前のように楽しむことができる。そんな旭酒造の挑戦が成功すれば、日本酒を飲む人々すべてにメリットがあります。

戦いは「業界内の覇権争い」を超えたものとなります。だからこそ、旭酒造の「日本酒業界の常識に挑む」というストーリーが、次々と多くのマスコミを惹きつけるものとなったのです。

社会軸は、特別な会社でなければ打ち出せないというものではありません。私が支援した会社の具体例を見てみます。居酒屋チェーン店を運営するG社です。

G社の居酒屋は、飲食店の有名レビューサイトでの評価は5段階で3・01。いたって普通です。この居酒屋がわずか1年の間にテレビで20分以上も特集され、日経新聞などの全国紙に何度も掲載され、有名ビジネス誌にも取り上げられたのです。

個性的な看板メニューがあるというわけではありません。奇抜なサービスを提供しているわけでもありません。まさに仕事帰りに安心して寄れるような居酒屋です。日常的に使うには最適の店なのですが、マスコミが取材に来るような要素は一見、何も見当たりません。

この居酒屋にマスコミが次々と押し寄せた理由は、メニューやサービスといったお客が目にするような表面にはありません。マスコミを引き寄せた理由は、その裏側にありました。

店で提供している魚の一部が、G社が直接獲ったものだったのです。当時、G社はある過疎の小さな漁村で漁業権を得て、自社と契約した漁師が中心となって魚を獲ろうとしていました。水産資源を守るために、漁法にもこだわりたいという想いを持っていたのです。生育前の幼魚まで根こそぎ獲ってしまう底引き網漁ではなく、成魚しか網にかからない定置網漁で獲った魚を、自社の居酒屋で提供するという計画でした。

危機に瀕しているのは、水産資源だけではありません。日本の漁業の担い手もまた年々、減り続けています。漁師の約4割が65歳以上と、高齢化が進んでいます。おいしくて安全な魚を手頃な価格で食べることは、近いうちに不可能になるのではないか。日本の食をめぐる、このような危機感が背景にありました。G社は若いスタッフを次々と漁村に送り込んでいました。G社が打ち出したのは「居酒屋として食の生産地を守り、発展させる」というストーリーでした。居酒屋などの飲食店は通常、魚を消費する存在です。「魚を消費する側は生産地の保護を考慮する立場にない」という常識に挑んだのでした。「食の生産地を守り、発展させる」という目的は、業界外で広く共感を得られるものです。

社会軸ストーリーをつくる際に大切なのは、「**業界の枠組みで自分を定めない**」ということです。自分の手がけるビジネスを俯瞰して、捉え直すことが必要です。

もしG社が業界の枠組みにとらわれていたら、どのようなアピール内容を考えるでしょうか。商品そのものに着目すれば、「鮮魚の産地直送」ということになります。

ビジネスの形態だけを見れば、「生産者との直接契約」となります。これも大手スーパーや飲食チェーン店などが以前から取り組んでいることです。それほど珍しくはありません。

商品そのものの特徴、あるいはビジネスの形態だけに着目した訴求内容であれば、どのマスコミも見向きもしません。居酒屋が「食の生産地を守り、発展させる」という軸がストーリーを貫いているからこそ、多くのマスコミが取り上げたのです。

マスコミに何度も出た後、G社の社長のもとには知事や国会議員からの面会依頼、大学やシンクタンクなどからの講演依頼がいくつも舞い込んでいます。

▼社会軸ストーリー作成シート

社会軸ストーリーで押さえるべきポイントを、1枚のシートにまとめました。このシートを埋めることができると、社会軸ストーリーが完成します。

シートでは、次の4項目をひとつずつ考えてみてください。

①どう世の中を変えたいか

社会軸ストーリーの根幹です。自社の事業が変えようとしている対象を記してください。

②一般へのメリット

自分の会社が儲かるというだけでは、誰の共感も得ることはできません。自分たちが世の中を変えることで、自社と関係のない人々にどのようなメリットがあるのかを押さえます。一般の人々へのメリットがなければ、当事者以外からは、狭い業界内での派閥争いと見られてしまいます。

③そのために取り組むこと

社会を変えるために、具体的に取り組んでいることを列挙していきます。過去、そして現在の取り組みがあれば、書いてみてください。まだ具体的に何も手をつけていないという場合で

ストーリー作成シート「社会軸」版

1 どう世の中（＝業界、地域）を変えたいか

2 一般へのメリット

3 そのために取り組むこと
（過去、現在、将来のいずれでも可）

4 将来の夢

「獺祭」旭酒造の場合

1 どう世の中（＝業界、地域）を変えたいか

安価で低品質なものが売れ筋という
日本酒業界を変える

2 一般へのメリット

高品質の日本酒を手頃な価格で1年を通して楽しむことができる

3 そのために取り組むこと
（過去、現在、将来のいずれでも可）

- 安価で低品質な酒は造らず、大吟醸に特化
- 安定して高品質の酒をつくるため、科学的手法を導入
- 温度管理を徹底し、年間を通した酒造りを実現
- 杜氏個人の力に頼るのではなく、社員一丸の酒造り

4 将来の夢

「『ああ、おいしい！』の一言を、必ずや海外でも言っていただける、そう信じているのです。」

（『逆境経営』桜井博志
ダイヤモンド社）

も、大丈夫です。これから取り組みたいことを書いてください。「これから」というのは、大体1年以内に始めたい事柄です。

④将来の夢

この欄で書く夢とは「年収1億円になりたい」とか「高級車を何台も乗り回したい」といった、私利私欲と思われるようなものではありません。変えようと挑んでいる世界に、さらに新たな可能性をもたらすものでなくてはなりません。

これら4つの項目間は、いくつかの矢印で結ばれています。どの矢印の流れで話したとしても、ストーリーが流れなくてはなりません。「①どう世の中を変えたいか」から「④将来の夢」、あるいは「②一般へのメリット」から「④将来の夢」の順に話しても、不自然な流れにはなりません。ストーリーには一貫性が必要なのです。

03 社長軸
——世の中の変化を映し出す社長の生き方

▼社長のストーリーをつくる3つのポイント

社長軸とはその名の通り、社長のこれまでの歩みを中心としたストーリーのことです。多くの中小企業は、すでに社長のプロフィールや事業に賭ける想いを自社サイトや会社案内の冊子に掲載しています。ですが、テレビに取り上げられるものはめったにありません。前述の通り、ほとんどが社長の身の上話だからです。

社長のストーリーを「自分には関係ない、他人の身の上話」にせずに、テレビが取り上げるものにしなくてはなりません。さらには社長個人ではなく、会社全体のPRにつなげなくてはなりません。そのためには、次の3点を押さえる必要があります。

①ストーリーの出発点は、世の中の変化

「報道番組が取り上げる社長」をめぐる誤解で最も多いのが、「面白い経歴がないと取材されない」というものです。「ジェットコースターのような、波乱万丈の面白い人生」は決して、必要な条件ではありません。

前章で「ニュースとは世の中の変化の兆し」と書きました。報道番組として取り上げる以上、社長軸のストーリーにもこの原則はそのまま当てはまります。ディレクターの目線で言い換えると「社長の歩みや想いを通して、視聴者に世の中の変化を伝えることができる」ことが最も必要な条件となります。

ですから、ストーリーの出発点にも「世の中の変化」が影響していなくてはなりません。例えば先代社長が技術革新の波に乗り遅れたことで、新社長が就任直後から事業の大幅な見直しを迫られたことが、ストーリーの出発点かもしれません。あるいは、会社を辞めて起業しようと決意したきっかけは、世代間の仕事に対する価値観の違いかもしれません。何らかの形で、出発点に「世の中の変化」が必要なのです。

②変化の荒波を乗り越えるための、生き方の指針を示している

ストーリーの主人公である社長は「世の中の変化」の影響を受け、新たなスタートを切ります。「世の中の変化」は絶えず、主人公である社長に襲いかかってきます。社長はいかにして変化の荒波を乗り越えることができたのでしょうか。あるいは、どのような考え方で立ち向か

おうとしているのでしょうか。

社長の歩みや考え方が、社長と同じように「世の中の変化」に困惑している視聴者のヒントや励みになるものでなくてはなりません。

「厳しい状況のなかでも、このように考えて行動すればいいのか」

「今は厳しいけれど、自分も明日から頑張っていこう」

多くの視聴者が「世の中の変化」に対応する知恵や勇気を求めています。社長軸のストーリーは、こうした働く人々の想いに応えるものでなくてはなりません。

③ストーリーのゴールが、ビジネスの達成したい夢と直結している

ディレクターが社長にインタビューする際、必ず聞く質問があります。

「将来の夢は何ですか」

ディレクターがこの質問をするのには、理由があります。番組では当然ですが、社長の過去、そして現在の取り組みを紹介することになります。番組の締めが「将来、実現したい理想」になっていると、番組全体の収まりがいいものに感じられるのです。

「子育てと仕事の両立に取り組む女性社長」が、テレビで取り上げられることがあります。

「女性の働き方」がテーマなので、番組では社長の働き方や仕事に対する考え方を中心に紹介することになります。

「子育てと仕事の両立に取り組む女性社長」がインタビューで夢について聞かれたら、何と

社長軸ストーリーの基本構成

答えるでしょうか。普通は「ビジネスで成し遂げたい夢」を答えるはずです。ところが、ディレクターは困ってしまいます。番組のテーマは「子育てと仕事の両立」です。締めを番組の企画意図と異なる内容にするわけにはいきません。

そこで女性の働き方に関する夢を聞き出そうと、質問の仕方を変えて聞き直します。「子育てと仕事を両立できる理想的な社会への想い」が聞けるまで、インタビューは終わりません。そして、編集作業を経て、番組は最初から最後まで、子育てと仕事の両立に挑む女性社長のストーリーとなります。

この社長が手がけているビジネスは何なのか。番組の企画意図とは異なるので、軽く触れる程度です。当然、視聴者の記憶には残りません。社長個人を売り出すことには成功しているのですが、これでは会社の事業をアピールするという面では成功とは言えないでしょう。

「子育てと仕事を両立させている社長」というストーリーを打ち出すのであれば、社業は「夫婦の多様な働き方を支援するサービス」であるのが理想的です。社長個人の夢と、社業で成し遂げたい理想が完全に一致するからです。社長個人をアピールすることが、社業そのものを伝えることに直結します。

▼社長軸の成功例・「町工場の星」ダイヤ精機

この3つの条件を備えた、社長軸ストーリーの具体例を見ていきます。

東京・大田区にダイヤ精機という町工場があります。父親である社長の急逝をきっかけに、ダイヤ精機の社長を継ぐことになった女性社長。彼女がさまざまな困難に立ち向かいながら、赤字経営が続いた町工場を経営再建するというストーリーです。NHKでドラマにもなったことから、ご存じの方も多いのではないでしょうか。

32歳のとき、社長だった父親が亡くなり、経営難にある精密機械の加工工場を継ぐことになった。大学の工学部を卒業して自動車部品メーカーに就職、その後父親の会社で働いていた時期もあったが、経営は素人。当時は子育て中の主婦だった。

元々、「ピンチになると燃えるタイプ」。まずは「町工場のIT化」に取りかかった。バーコードシステムを導入、担当者同士が口頭で確認していた工程の進み具合をパソコンで自動管理するようにした。作業の効率化はもちろん顧客の問い合わせに素早く対応できるようになり、成長の足がかりになった。

（朝日新聞 2013年2月28日）

経営難の町工場を立て直す。このストーリーで、ダイヤ精機は2000年代半ばから現在に至るまで、日経新聞、朝日新聞、「日経ビジネス」「ワールドビジネスサテライト」といったマスコミに出続けています。

「①ストーリーの出発点」には、町工場の置かれた厳しい状況があります。ダイヤ精機が最も取り上げられたのは、2011年頃です。当時、円は史上最高値を更新。輸出依存度の高い製造業はそれまで以上に厳しい状況に置かれていました。

「③ゴールがビジネスの夢と直結」については言うまでもありません。目指しているのは、再建後の町工場のさらなる発展です。これは、ストーリーの主題そのものです。

このストーリー全体を通して、「②生き方の指針」にあふれています。国境を越えた企業間競争にさらされた中小企業の生き残り策、リストラの決断、事業承継のあり方、多様な部下との接し方など、多くの業種で関わりのある事柄ばかりです。

▼社長軸の成功例・「はたらくを面白く」ウォンテッドリー

もうひとつ社長軸の例を見てみます。町工場とは正反対のイメージがある、ネット業界のベンチャー企業です。

前章で「テレビが選ぶ企業の3原則」について述べました。「①日本経済を象徴しているか」「②今どき感があるか」「③ストーリーがあるか」という3つの原則です。

絶え間ない技術革新の真っ只中にあるネット業界は、「今どき感」を最も出しやすい業種です。ですが、大きな問題があります。業界のすべてのサービスが「今どき感」があるのです。そして、すべてのベンチャー企業は個性的なサービスを掲げて登場します。参入障壁がない世界であるだけに、他業種よりもはるかに多くの自称「画期的」なサービスが日々、生まれているのです。

「今どき感」や「ユニークさ」だけでテレビに出ようとしても、よほどのものでない限り、大勢の中に埋没してしまうのがネット業界なのです。


ネット業界のベンチャー企業でサービスの独自性に加えて、社長軸のストーリーを巧みに用いたのが、ウォンテッドリーです。サービス開始から5年で、上場を果たしています。サービス開始直後から、日経新聞、「日経ビジネス」「週刊東洋経済」「週刊ダイヤモンド」「ワールドビジネスサテライト」など、数多くのマスコミで社長のストーリーが取り上げられました。

ウォンテッドリーの主力事業は、SNSを利用した転職情報の提供サービスです。転職情報であるにもかかわらず、ウォンテッドリーでは給与や福利厚生などの待遇面を掲載していません。雇用条件ではなく、「面白いと思える仕事を選ぼう」という理念を掲げているからです。


ウォンテッドリーの仲暁子社長は京都大学卒業後、ゴールドマン・サックス証券に入社したものの2年で退職。退職後は、学生時代からの夢だったプロの漫画家を志したものの、夢を叶えることはできず、フェイスブックに入社。そして、起業に至ったという異色の経歴の持ち主です。輝かしい経歴ではあるのですが、それだけでマスコミが取り上げることはありません。エリートコースを歩んできた起業家は、今では数多くいます。

テレビ東京の「モーニングサテライト」に出演した際、仲社長は会社員時代を振り返り、このように述べています。

「早く定時になってほしい」「早く金曜になってほしい」と思っている人は、「早く自分の寿命が縮んでほしい」と思っているということ。自分もそういう考え方に陥っていた。

ストーリーの出発点には、会社選びの基準が若い世代を中心に変わりつつあるという変化があります。

高給で知られている外資系証券会社や世界的なＩＴ企業に入っても満たされることはなかった、仕事への想い。だからこそ、待遇ではなく「面白さ」で仕事を選べるサービスを、自分の手でつくった。

出発点、新たな会社選びの基準、そして自社サービスの内容までが社長の歩みを通して、一直線につながっています。極めて完成度の高い、社長軸のストーリーです。

▼社長軸ストーリー作成シート

ここで紹介するのは、社長軸でストーリーを構成していくためのシートです。押さえるべき3つのポイントをまとめています。

①今の事業を始めたきっかけ

新しい取り組みを始めるときには、転機となる出来事があります。転機は2つの条件を満たしていなくてはなりません。

ひとつは前述の通り、世の中の変化の影響を受けているということです。

もうひとつは、視聴者の共感を得られるものだという点です。社長だけではなく、視聴者にも起こりうる感情や出来事でなくてはなりません。

②きっかけの後の取り組み

ここでは具体的にビジネスの取り組みを書いていきます。視聴者にとって、変化を乗り切る指針となるものです。ある特定の業界でしか通用しないような専門的な内容であれば、わかりやすく噛み砕いて一般化してください。

③将来の夢

社会軸の場合と同様、夢は私利私欲の類ではありません。社長個人の夢は、事業として成し遂げたい夢と一致していなくてはなりません。

ストーリー作成シート「社長軸」版

❶ 今の事業を始めたきっかけ

→ **チェックポイント**
□きっかけに時代の変化はあるか
□きっかけは共感を得られるものか

❷ きっかけの後の取り組み
（変化への対応の指針となるもの）

→ **❸ 将来の夢**

ダイヤ精機の場合

❶ 今の事業を始めたきっかけ

・円高などの影響で町工場の業績は低迷
・先代社長の父の急逝を機に、社員や協力会社に推され、主婦から町工場の社長に就任

→ **チェックポイント**
☑きっかけに時代の変化はあるか
☑きっかけは共感を得られるものか

❷ きっかけの後の取り組み
（変化への対応の指針となるもの）

・町工場の経営再建に着手
・あいさつと整理整頓を徹底
・人員整理
・生産管理システムを導入
・新入社員と社長の交換日記を実施

→ **❸ 将来の夢**

「社員さんは会社の財産。それを守り、磨くのが社長の仕事だから」

（朝日新聞 2012年3月30日）

04

組織軸
――働き方の新たな可能性を見せる

▼働き方への関心が高まっている時代

「組織軸」は組織のあり方やそこで働く人々の働き方に焦点を当てたストーリーです。社員の教育制度、やりがいを実感できる組織づくり、残業時間削減の取り組み、人事評価のあり方など、組織全般に関するものが対象となります。主題はあくまで組織のあり方そのものです。ですから、取り扱う商品に依存することは全くありません。

２０１２年から２０１６年の5年間にわたって、「ガイアの夜明け」で「働き方が変わる」と銘打った連続企画が放送されていました。このシリーズ企画は、15回も続きました。「働き方」への関心が、いかに高いかを示しています。

▼組織軸の成功例・「丸見え経営」メガネ21

「組織軸」のストーリーで何度もテレビに出ていた代表例が、メガネ21です。広島県に拠点を置くメガネのチェーン店です。

2009年には3回もテレビ東京の「カンブリア宮殿」に登場しています。2013年には、「ガイアの夜明け」でも取り上げられます。番組サイトを引用します。

広島を中心に全国展開しているメガネチェーン21（トゥーワン）はユニークな経営方針で注目を集めている。給料は年功序列だが、ボーナスは成果主義。会社は利益が上がると、ためこまずに社員へのボーナスとして還元。そのボーナスの基準となるのが経営者指数と呼ばれる〝一人一人の通信簿〟。この経営者指数でボーナスの金額が決まるのだ。驚きなのは、全社員の経営者指数と、ボーナスの金額が社員なら誰でもパソコンで閲覧できることだ。自分が成果をあげてボーナスを上げて欲しい時は、自ら申し出ることもできるし、他の社員から「この人は上げて欲しい」という推薦もＯＫなのだという。

（2013年4月23日放送）

2002年から10年以上にわたって取り上げられているストーリーは、ほとんど変わっていません。

▼「組織軸」をつくるときに、犯しがちな失敗

「組織軸」のストーリーで気をつけなくてはならない点が2つあります。

ひとつは当事者が気がつきにくいということです。メガネ21ほど特徴のある組織運営をしている企業であれば、無自覚ということはないでしょう。ですが、ほとんどの企業は自社の仕事の進め方を当たり前だと思っています。他社から見ると興味深い取り組みがあるのに、本人だけが気づいていないことが実に多いのです。

もうひとつはテレビ向けだけの企画を打ち上げないということです。組織軸は社内で完結させられるので、社会軸や社長軸よりもストーリーがつくりやすいのが特徴です。それだけに、テレビ向けだけの企画をつくりたくなってしまいます。

かつて私が取材した、ある居酒屋がありました。その居酒屋の開店イベントには、数多くのテレビ局や新聞社が取材に押し寄せました。個性的なメニューがあったわけではありません。特徴的なサービスがあったわけでもありません。見た目も、何の変哲もない普通の居酒屋です。多くの取材が訪れた理由は、店員にありました。店員はみな、大企業をリストラされた中高年男性だったのです。当時は不況の真っ只中。大企業のリストラが相次いでいる時代でした。

その居酒屋はどうなったでしょうか。取材が来たのは、最初の開店イベントだけ。数年後には、閉店に追い込まれました。

テレビ向けに何かをつくろうとするのではなく、自社のなかにある「隠れた、いい部分」を掘り起こしていく。組織軸のストーリーをつくるときには、そのように考えてみてください。

▼組織軸ストーリー作成シート

組織軸ストーリー作成シートでは、4つのポイントを押さえていきます。社会軸、社長軸と同様に、どの矢印の方向に従って話しても、一貫性が保たれていなくてはなりません。

①目指している組織の姿

組織の理想像をできるだけシンプルに、わかりやすく書いてみてください。15字以内程度で表現できていると、伝わりやすくなります。

②組織の姿を目指した理由

①で書いた組織の姿を目指すようになった、きっかけがあるはずです。具体的な出来事や事実に沿って書いてみてください。

③組織の姿の実現のための取り組み

ここではすでに着手していることだけを書いてください。社会軸のように、「これからやり

ストーリー作成シート「組織軸」版

❶ 目指している組織の姿

❷ 組織の姿を目指した理由

❸ 組織の姿の実現のための取り組み
（すでに取り組んでいること、取り組み始めたこと）

❹ 将来の夢

メガネ21の場合

❶ 目指している組織の姿

・「全員参加の経営」

❷ 組織の姿を目指した理由

・前の会社をリストラされたこと
・同族経営の負の側面を痛感

❸ 組織の姿の実現のための取り組み
（すでに取り組んでいること、取り組み始めたこと）

・全社員参加の会議で経営方針を決定
・財務や人事評価を社外にまで徹底公開
・社長は任期制
・利益はすべて賞与として分配

❹ 将来の夢

「会社は人間性を大切にした 運命共同体でありたい」
（「週刊東洋経済」2010年1月23日）

たいこと」は対象になりません。すでに何らかの成果が上がっているものだと、ストーリーの訴求力は格段に強くなります。

④ 将来の夢

組織軸でも最後は将来の夢です。①で書いた理想の組織像の先にある夢です。組織のあり方、組織で働く個人のあり方、あるいは自分の会社が世の中で占める位置づけなどです。

05 ストーリーを際立たせる技術

▼3つの軸は、働く人たちの永遠の関心ごと

「①社会軸」「②社長軸」「③組織軸」という、3本の軸を見てきました。なぜ3本の軸は、視聴者と中小企業を結びつける柱として、強く機能するのでしょうか。

それは**3本の軸が、働く人たちの永遠の関心ごと**だからです。

「社会、あるいは自分の働く地域や業界の将来はどうなるのか」

「自分はどのようなキャリアを歩んでいくべきなのか、今とは違う道があるのではないか」

「自分の職場環境や働き方は、どう変わっていくのだろうか」

いずれも、ほとんどすべての働く人たちに共通する関心ごとです。だからこそ、ストーリーにこれらの軸を通すと、どこかの知らない中小企業や経営者の話であっても、興味を持つよう

になるのです。

社会の変化、生き方、そして組織のあり方。これらは働く人たちにとって、いわば永遠の関心ごとです。技術の潮流のように、すぐに変わるものではありません。変わらぬ興味の対象であるからこそ、長く使えるストーリーとなるのです。

▼ストーリーをつくるときの目線

3つの軸は「働く人たちに共通の関心ごとだから機能する」と書きました。ここで、注意しなくてはいけないことがあります。

それは経営者ではなく、従業員の目線でつくるという点です。ここで言う経営者とは、ひとりで事業をしている方も含みます。誰かから給料をもらう立場にないという意味です。

経営者と従業員では、立場も考え方も全く異なります。自分で事業を経営されている方がストーリーをつくるときに、意外と見落としがちなポイントです。

例えば、慢性的な人手不足への対応は経営者にとって、深刻な経営問題です。新たな人材が採れなければ、最悪、会社は潰れてしまいます。人材不足で成長機会を逃すこともありえます。人材獲得競争が激しくなって、人件費が上がることも避けたい事態です。ですが従業員から見ると、売り手市場と言い換えることもできます。転職して新たなスタートを切る、あるいは給与を上げやすい環境が整っているということです。

「社長軸」であれば、従業員にとって指針となる社長の生き方でなくてはなりません。「従業員に対して非情な決断を次々と下す敏腕社長」では、社長軸は成立しません。「社長が憧れる社長のストーリー」ではなく、「従業員が求める社長」でなくてはならないのです。

「組織軸」でも同様です。「働きやすい職場」と言っても、経営者にとっての「働きやすい職場」と従業員にとっての「働きやすい職場」は異なります。

ストーリーはあくまで従業員の目線でつくってください。テレビを見ている視聴者の圧倒的多数は従業員です。そして番組のディレクターたちもまた、テレビ局あるいは制作会社で働く従業員です。視聴者の圧倒的多数、そして自分自身も共感できないストーリーを取り上げるはずがありません。従業員に支持されないストーリーは成立しないのです。

▼共感を呼ぶ社会軸の3本柱

社会軸のストーリーはいわば「未来への決意表明」です。過去を問われないだけに、実績の乏しい中小企業や起業間もないベンチャー企業にとって、使いやすい武器となります。ですが宣言さえすれば、誰でもつくれるというものでもありません。

社会軸をより説得力のあるものとするために、押さえておきたいポイントが3点あります。

①一番手になる

社会軸のストーリーでは、一番乗りであることが大切です。誰も変えようとしなかった、世の中の当たり前に挑むからこそ、ストーリーとして成立するのです。

映画「スター・ウォーズ」でも、昔話「桃太郎」でも、ストーリーの主役は常に先頭を歩いています。誰かの後に続く存在では、主人公にはなりえません。

日本酒「獺祭」の旭酒造は、高品質の日本酒を安定してつくるために、生産体制を抜本的に見直すという社会軸のストーリーでした。

旭酒造の後に「日本酒のつくり方を変える」と声高に訴えても、二番手にしか見えないでしょう。二番手の扱いは一番手に比べて、格段に小さなものになってしまいます。仮に二番手が旭酒造以上に先進的な取り組みであったとしても、テレビの世界では二番手にすぎません。どれだけ先に行っているかよりも、誰よりも早いことのほうが重要なのです。

社長軸や組織軸では、「二番手問題」を気にする必要はありません。社長軸であれば、他の誰かと同じ人生を社長が歩んでいるなどということはありえません。組織軸も同様です。組織風土や組織を支える仕組みは、社長の想いや事業の歴史的経緯を踏まえて生まれたものです。いずれも個々の会社に特有のものですから、他社と同じということは考えられません。

ですが、社会軸は違います。同じ地域や業界に属している企業で、似たような問題意識を抱いている企業は決して少なくないはずです。どの会社が同じような軸を打ち出したとしても、不思議ではありません。社会軸は「早い者勝ち」の世界でもあるのです。

②世の中を変えられる根拠を示す

「資本力もない、実績も乏しい中小企業にそんなことができるのか」

このような疑念を抱かれるのは、むしろ当然です。「世の中を変える」と声高に訴えても何の根拠も示さなければ、相手には絵空事に聞こえてしまいます。根拠といっても、何か厳密なものが必要というわけではありません。ディレクターも視聴者も、その業界の素人です。精緻な論理構成で変革のシナリオを説明されたとしても、妥当性を判断できるはずもありません。

「本当にこの会社は実現するかもしれない」

そんな漠然としたリアリティを感じさせることができれば、それで十分なのです。

日本酒「獺祭」の旭酒造を例に見てみます。旭酒造が採った手法は日本酒業界の素人から見ても、合理的と思えるものばかりです。データを集めて分析し、成功要因を洗い出していく。あるいは結果を検証しながら、改善を繰り返していく。こうしたやり方は、日本酒以外の業界では当たり前に行なわれています。現在のように旭酒造の試みが成果を上げる前であっても、実現性を信じられるものとなっています。

社会軸のストーリーでは想いと論理が半々の割合で盛り込まれているのが最適というのが、私のディレクターとしての経験則からの結論です。

想いだけを熱く語っても、説得力に乏しい「夢物語」になってしまいます。反対に論理ばかりが勝ちすぎると、聞いていてどこか息苦しいものになってしまいます。想いと論理のバランスが取れていると、視聴者の心により深く刺さる社会軸のストーリーとなるのです。

③世の中共通の価値観に根ざしている

社会軸は「世の中を変えよう」とするストーリーです。主人公が「変えるべき」と捉えている対象を視聴者も同じように思えなくては、ストーリーとして成立しません。

ハリウッドのヒット映画は、わかりやすい例です。「スター・ウォーズ」の帝国軍、あるいは「ハリー・ポッター」のヴォルデモート卿。戦うべき敵役は「抑圧」「残虐」「戦争」といった価値観を体現しています。反対に主人公は「自由」「平等」「平和」という価値観を背負っています。どちらを応援したいと思うか、意見が分かれるはずがありません。

再び旭酒造を例に見てみます。旭酒造の現在のストーリーが最初に取り上げられた、2005年の毎日新聞です。桜井社長は長期低迷する日本酒業界の状況をこのように表現しています。

> 日本酒業界は景品や派手なCMにたよるばかり。物作りの業界が品質を置き去りにしたら売れない、と気付いた
>
> (毎日新聞 2005年6月3日)

品質の低い、派手なCMに頼るだけの日本酒を好んで飲みたいという人はいません。日本酒

業界外で旭酒造が目指す世界に異議を唱える人はまずいないということなのです。

社会軸で挑むべき対象を議論が分かれないものにすべき理由は、2つあります。ひとつは視聴者がストーリーに没入できないからです。主人公と同意見の視聴者であれば、ストーリーに共感して番組を見ることができるでしょう。

ですが、主人公の見解に反対の視聴者はどうでしょうか。主人公に共感を抱くことはまずありません。逆に、主人公の論理の矛盾点を見つけることに躍起になるかもしれません。主人公の挑むべき相手のほうに感情移入してしまうかもしれません。不愉快になって、番組を見ることを途中で止めることも十分にありえます。

もうひとつの理由は、番組の「公平中立」という立場が揺らぐからです。経済報道番組は、基本的には主人公の取り組みを好意的に描くものです。賛否の分かれる問題に挑む主人公を番組で前向きに取り上げたとします。すると番組自体がある特定の問題に対して賛否を明らかにしているように、視聴者からは見えてしまいます。

これは報道番組の「公平中立」という建前を危うくしかねない問題です。議論が分かれる問題に対し、番組が何か特定の主張を持っているように見られたくないのです。

社会軸で挑むべき課題は、現代の日本社会で賛否が分かれないものとしてください。業界内で議論が分かれる問題であってもかまいません。業界の外にいる一般的な視聴者が共通して持つ価値観をもとに、挑むべき対象を設定してください。

社会軸ストーリーを強化する3要素

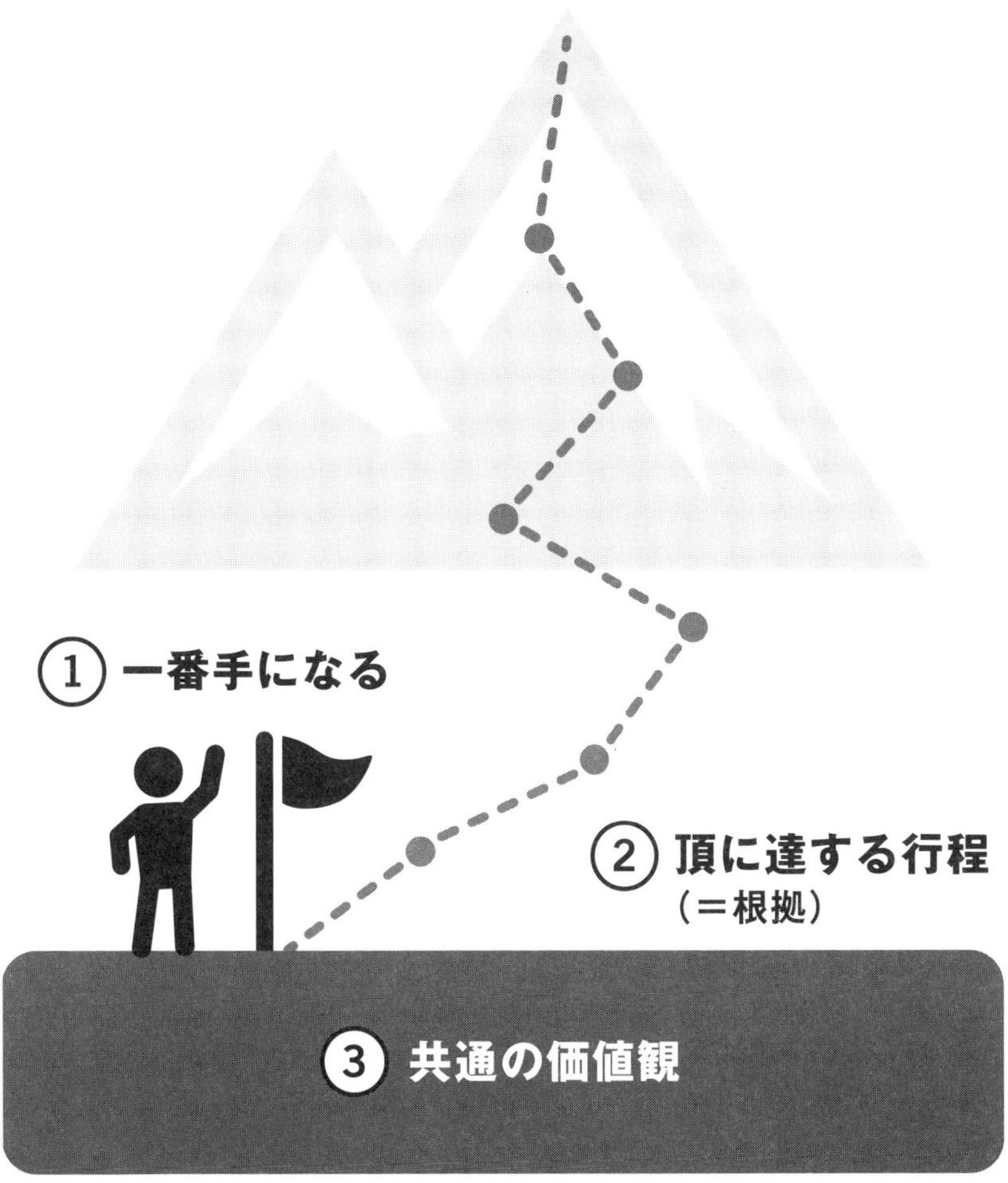

▼社長軸ストーリーを一気に面白くする、振り幅の法則

数々の人気バラエティ番組をプロデュースしてきた、おちまさと氏の著書『企画の教科書』（ＮＨＫ出版）に、このような記載があります。

「物語で感動する裏側には、『振り幅』が存在しています。『振り幅』とは、状況変化の大きさの度合いのことを言います」

これはバラエティ番組だけではなく、報道番組のつくり方にもまさに当てはまります。「振り幅」は、私もディレクターとして最も多用した手法です。

振り幅を社長軸ストーリーに用いれば、ストーリーは格段に魅力的なものへと変貌します。

振り幅のわかりやすい例として、２０１３年に30万部超のベストセラーとなった『学年ビリのギャルが1年で偏差値を40上げて慶應大学に現役合格した話』（坪田信貴、KADOKAWA）が挙げられます。タイトルの通り、成績の悪かった女子高生が効率的に勉強して、慶應大学に現役合格したという内容です。

この場合、底は「学年ビリ」、到達点は「慶應大学合格」です。そして、振り幅は「偏差値40」を指しています。慶應大学は、言うまでもなく日本有数の名門大学です。とはいえ、慶應大学の入学者数は毎年６０００人以上います。慶應大学に合格すること自体は、それほど珍しいことではありません。

「地元進学校の偏差値61の高校生が偏差値を4上げて、慶應大学に現役合格した話」

これでは当たり前すぎて、誰の関心も得ることはできません。偏差値を40も上げて慶應大学に現役合格したという振り幅が、このストーリーを一気にドラマティックなものに見せているのです。

豊臣秀吉の天下取りのストーリーも同様です。反対に足利尊氏が主人公となることは、ほとんどありません。鎌倉幕府でも屈指の名門出身なので、振り幅が小さく、ストーリーとしての面白さに欠けるのです。

底の深さと到達点の高さを強調すれば、振り幅は大きくなります。ストーリーとしてドラマティックなものとなるのです。

ただし、振り幅を大きくしようとして、犯しがちな失敗があります。それは、高さを強調しすぎてしまうということです。

現状をあまりに高く見せようとすると、実態から乖離した自慢話のようになってしまいます。実態を伴っていたとしても、嫌味に受け取られる危険があります。特にビジネスで一定の成功をすでにつかんでいる社長、華やかな経歴を持つ起業家は要注意です。

振り幅を広げようというのであれば、**高さよりも底を掘ったほうが好感度は高まります。**

「倒産寸前の家業を再建」

社長軸ストーリーを劇的に変える振り幅

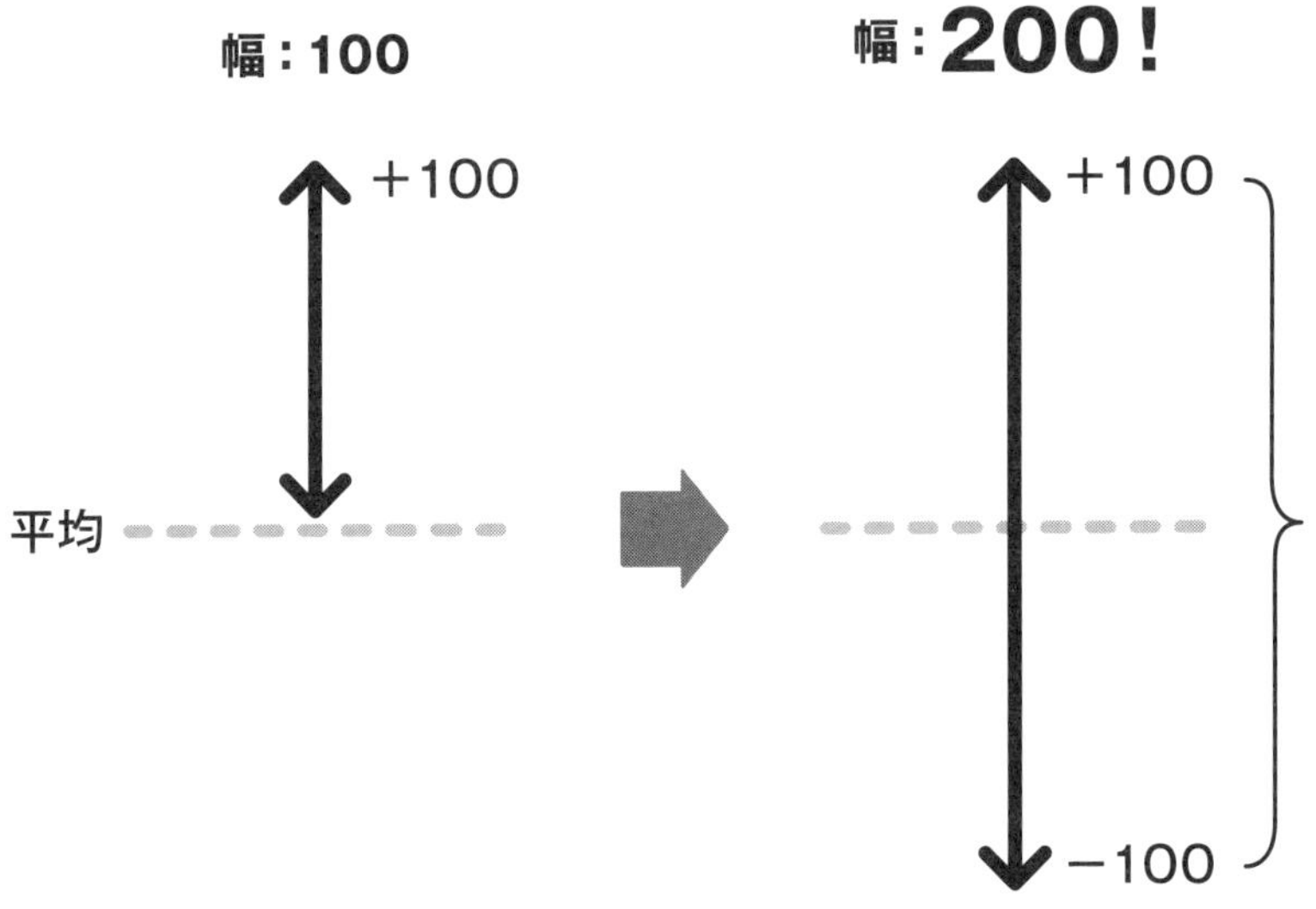

「マイナスからの挑戦」が
ストーリーをドラマティックなものへと変える

「衰退産業の2代目社長が復活に挑む」
「リストラされた会社員が起業で成功をつかむ」
マイナスからの挑戦は、テレビが好む王道中の王道です。頂点を高めるよりも底を強調することを心がけてください。

▼「社内の当たり前」に名前をつけて、組織軸を浮き彫りに

組織軸を打ち出すときは、社内の取り組みに改めて名前をつけてみると、一気に伝わりやすいものとなります。

例として、メガネ21を見てみます。メガネ21のサイトを見ると、自社を「丸見え経営」と銘打っています。「丸見え経営」という一言があるだけで、メガネ21の組織のあり方がイメージしやすくなります。

メガネ21が番組で紹介されたときの文言を、もう一度見てみます。

広島を中心にメガネを販売する企業「21」の隠し事ゼロの経営術に迫る。

（テレビ東京「カンブリア宮殿」2009年6月29日放送）

会社は利益が上がると、ためこまずに社員へのボーナスとして還元。そのボーナスの基準となるのが経営者指数と呼ばれる〝一人一人の通信簿〟。この経営者指数でボーナスの金額が決まるのだ。

（テレビ東京「ガイアの夜明け」2013年4月23日放送）

「隠し事ゼロの経営術」「経営者指数」というキーワードが並んでいます。マスコミのなかでも特にテレビは、キーワードを用いる傾向があります。

テレビがキーワード化を好むのには理由があります。テレビの映像や音声は流れ去るものだからです。ネットの有料配信を契約するか録画していない限り、視聴者は後から番組を見返すことができません。活字媒体のように自分のペースで、視聴できるわけでもありません。ディレクターは、視聴者が瞬間的に理解できる表現で伝えなくてはならないのです。**キーワード化は、一瞬でわかってもらうためには便利な方法**です。

人事制度として社内で確立していない取り組みでも、改めて名前をつけてみると存在感が際立ってきます。

私のコンサルティング先に、Tというシステム開発会社がありました。受託開発が中心なので、自社独自のＩＴサービスを持っているわけではありません。ではT社のストーリーをどの軸で編集していくべきか。社長や従業員へのヒアリングを重ねていくうちに、ある特徴が見えてきました。

従業員の仕事への意欲が極めて高かったのです。会社への愛着心も強く持っていました。その理由を探っていくと、社長がさまざまな工夫をしていることがわかりました。

年度始めに従業員ひとりひとりに経営計画を丁寧に説明していること。子育てや介護などと仕事を両立しやすくするために、出退社の時間を従業員の主体性に委ねていること。従業員が経営者感覚を養えるように、案件ごとのコスト管理をかなり任せていること。従業員を社外の研修に積極的に派遣していることなどでした。

社長にとっては、どれも日常的な振る舞いです。日々の行為なので、個々の取り組みに名前をつけているわけではありません。就業規則に記載があるわけでもありません。

当初、社長自身は自社のアピールポイントを「技術力の高さ」だと考えていました。ところが7時間以上かけてインタビューをしていくと、社長が本当にやりたいと願っていたことは人材育成であったことに社長自身、気がついたのでした。「技術力の高さ」の根幹には、社長の人材育成への情熱があったのです。

私は社長と話し、この会社のストーリーを組織軸で編集することにしました。ストーリーの訴求力を上げるため、ひとつひとつの取り組みに改めて名前をつけるよう社長に提案しました。奇をてらった名前である必要は全くありません。

「キャリアアップ制度」

「決算報告制度」

「フリーエージェント制」

「裁量勤務時間制」

このように名前を聞いて、会社の取り組みがすぐにイメージできるものであればいいのです。名前があるだけで、組織軸のストーリーは際立ちます。

06 カリスマ経営者に学ぶ、創業期のストーリー活用法

▼創業時から自分を変革者と位置づけた、ソフトバンク・孫社長

あの「カリスマ経営者」も、最初は中小企業の経営者でした。それでは「カリスマ経営者」はどのようにして、中小企業時代からマスコミを味方につけたのでしょうか。

まずはソフトバンクの孫社長を見てみます。ソフトバンクが初めてマスコミに登場したときの記事です。

経営コンサルタント業の経営総合研究所（本社東京、社長明賀義輝氏、資本金一千万円）とシステムハウスのユニソンワールド（本社米国カリフォルニア州、社長孫正義氏）は五日、折半出資でパーソナルコンピューター用ソフトウエアの専門商社「日本ソフトバ

ンク」（本社東京、社長孫正義氏、資本金一千万円）を設立したと発表した。パーソナルコンピューターの急速な普及に伴い、そのソフトウエアの流通を促進する必要が高まっているが、新会社はそうした要請にこたえようというもので、わが国では初めてのパソコンソフト専門商社となる。

（日経産業新聞　1981年10月6日）

記事の主旨は「会社を設立することを発表した」というものです。事業として、具体的な形になっているわけではありません。それにもかかわらず、マスコミに向けて「発表した」のです。創業当初から孫社長がマスコミを強く意識していたことがうかがえます。

ソフトバンクの創業当時の事業はこの記事にある通り、パソコンソフトの卸売業でした。当時はちょうどパソコンが普及し始めた時代です。孫社長の手がけたパソコンソフトの卸売は「今どき感」が極めて強いものだったのです。

ソフトバンクは創業直後の1年間で、日経新聞とその系列紙などで15回も記事になっています。一連の記事を見てわかるのは、創業当時から孫社長は社会軸のストーリーの達人だということです。

「パソコン流通業界のダイエーを目標にする」

（日経産業新聞　1982年4月28日）

「将来はソフトを中心とした情報関連産業全体に企業グループを作りたい。〝神様〟松下幸之助さんだって自転車のランプづくりから事業を始めている。無茶な夢とは思っていない」

（日経産業新聞　1987年2月4日）

これらは、すべて創業から6年も経っていない時期の孫社長の言葉です。

当時のダイエーは価格破壊などの「流通革命」を掲げた、業界の風雲児。流通業界で初めて売上1兆円を超えた企業です。創業からわずか半年という時期に、24歳の起業家がダイエーのような巨大流通帝国になると宣言しているのです。創業から5年半で、今度は「経営の神様」松下幸之助氏に自らをなぞらえています。

一般的な経営者であれば、パソコンソフト業界の見通しや競合企業への対抗策などを語って、インタビューは終わります。

創業期の孫社長の言葉で注目すべきなのは、自社を単なる卸売業として捉えていないということです。「パソコンソフトを卸している企業」ではなく、ダイエーやパナソニックのように「社会を変えていく企業」と自社を定義し直して、発言しています。「社会軸ストーリーの主人公」として、自社のことを語っているのです。

社会軸の文脈で自社のことを語らなければ、創業期から数多くのマスコミがソフトバンクを取り上げることは決してなかったはずです。社会軸がなければ、パソコンソフト卸という狭い業界のなかの話に止まってしまいます。業界の外にいる読者や視聴者が興味を抱く内容にはならないからです。

社会軸のストーリーで自社を語ることによって、孫社長は「来るべきコンピューター時代を代表する新進気鋭の経営者」という位置づけをマスコミのなかで得ることができたのです。

創業期のパソコンソフトの卸から、２０００年代の携帯電話事業への参入、２０１０年代のロボット、さらには大規模な投資事業に至るまで、孫社長は一貫して「社会を変える」と訴え続けます。

私は数多くのベンチャー企業を取材してきましたが、孫社長ほど「社会を変える」というストーリーを力強く発信し続けている経営者を見たことがありません。社会軸のストーリーに必要な論理も、誰の目にもわかるほどシンプルな形にして盛り込んでいます。孫社長はまさに歴史に残る、社会軸ストーリーの達人です。

▼起業のストーリーでマスコミを味方につけた、楽天・三木谷社長

楽天・三木谷社長もまた、創業間もない頃からマスコミを味方につけた起業家です。創業期の三木谷社長を取り上げた数々の記事は、まさに社長軸ストーリーの「傑作」です。

楽天が初めてマスコミに出たのは、サービス開始の初月です。当時の楽天の従業員は三木谷

社長と妻を含めて6名、登録店舗数は13店にすぎません。初月の売上は32万円だったといいます。そのうち18万円は三木谷社長本人が購入したというものでした。

「三カ月も商品が変わらない店に客が入らないのは当たり前だ」。社長の三木谷浩史は不振の既存商店街を反面教師にする。日本興業銀行でM&A（企業の合併・買収）を手掛けていたが、サイバーベンチャーに強い興味を持ち転身してきた。

（日経産業新聞 1997年4月15日）


当時、野村総合研究所や凸版印刷といった大企業が楽天に先駆け、ネットショッピングに参入していました。ですが、商品の入れ替えをほとんどしないというお粗末なものでした。楽天は出店者が商品の入れ替えをしやすいサービスを掲げて、新たに参入しました。

とはいえ、楽天が何か画期的な技術を持っていたというわけでもありません。売上も32万円ですから、この時点では特筆すべき実績を残していたというわけではありません。

楽天がサービス開始初月から、特に実績を残していたわけでもないのに、なぜ記事で取り上げられたのでしょうか。注目すべきは記事のなかにある、三木谷社長に関するこの一文です。

「日本興業銀行でM&A（企業の合併・買収）を手掛けていたが、サイバーベンチャーに強い興味を持ち転身してきた」

楽天のサービス内容そのものと、三木谷社長の経歴には直接、関係はありません。楽天のサービス内容だけを紹介するのであれば、不要な一文です。それにもかかわらず、三木谷社長の経歴が取り上げられています。

創業からわずか1年の間に、日経新聞とその系列紙に実に24回も出ています。どの記事も内容はほとんど変わりません。

「伝統的な超一流企業のエリート会社員の座を捨て、新たな可能性が広がるインターネットの世界に挑む」

どの記事も三木谷社長が起業に至った経緯と想い、つまり社長軸のストーリーばかりです。楽天がサービス内容だけを発信していたら、これほどのマスコミの連鎖反応は起きなかったでしょう。

三木谷社長のストーリーには社長軸に必要な要素が、完璧に盛り込まれています。前述の通り、社長軸には「①ストーリーの出発点は、世の中の変化」「②変化の荒波を乗り越えるための生き方の指針を示している」「③ストーリーのゴールが、ビジネスの達成したい夢と直結している」の3要素が必要です。

三木谷社長のストーリーが相次いでマスコミに登場した1997年は、不況の真っ只中でした。北海道拓殖銀行や山一證券という大手金融機関の経営破綻も相次ぎました。大企業に就職すれば、一生安泰。そうした価値観が揺らぎ始めていた時代です。1997年はインターネットが普及し始めたばかりの時期でもありました。

大企業で働き続けることに対する信頼の揺らぎ、そしてインターネットがもたらす未来の可能性。三木谷社長のストーリーの出発点に、そんな時代の変化を感じ取ることができます。同時にそうした変化を乗り越えるには守りではなく、攻めの姿勢こそが必要ではないか。三木谷社長がエリート会社員の座を捨て起業に挑む姿は、変化の時代における生き方の指針となりえます。

そして言うまでもなく、三木谷社長が目指しているゴールは楽天というサービスの成功です。楽天の出店者の多くが、商店街の店舗や町工場などの小規模事業者です。大組織ではなく個人としてのチャレンジを選んだ三木谷社長の生き方と、小規模事業者をインターネットの力で活性化するというサービスの特徴が写し絵のようにもなっています。

三木谷社長の社長軸ストーリーでは、特に重要なポイントがあります。それは三木谷社長のストーリーが、会社員の憧れをそのまま体現しているということです。

組織のしがらみに縛られることなく、存分に自分の力を試したい。これは多くの会社員の夢です。ですが、実際には生活の安定を考えると、とても踏み切れるものではありません。三木谷社長のストーリーは、まさに会社員の憧れそのものなのです。

会社員が共感するストーリーだから、マスコミを味方につけることができる。創業期の三木谷社長は、その最もわかりやすい例です。

▼サイバーエージェント・藤田社長は、大企業では不可能なやりがいを訴求

1章で述べたように、藤田晋社長は創業わずか1カ月で日経新聞に顔写真入りでデビューしています。記事のなかで、藤田社長は起業に至った想いと経緯を語っていました。

まさに社長軸のストーリーです。楽天・三木谷社長もそうでしたが、起業したばかりの経営者にとって、社長軸は最も使いやすい武器となります。チャレンジャーである起業家はすでに成功をつかんでいる大企業よりも、視聴者の心に訴えるものがあるからです。

藤田社長の社長軸ストーリーの極めつけは、起業7年目に発売した『渋谷ではたらく社長の告白』（幻冬舎）という本で、20万部を超えるベストセラーとなりました。起業の経緯や成功をつかみ取るまでの葛藤を描いています。まさに社長のストーリーそのものです。

社長軸は創業間もない起業家にとって使いやすい反面、「賞味期限」もあります。起業家が大きな成功を収めた後には、使いにくいものとなってしまうのです。巨万の富と名誉を手に入れた経営者は、視聴者にとってもはや「雲の上の人」です。創業当時のストーリーを語られても、他人事にしか思えなくなるのです。

サイバーエージェントは創業間もない頃は、社長軸を使いこなしています。ですが上場を果たしてしばらくすると、社長軸より組織軸での露出が目立ってきます。

サイバーエージェント社長の藤田晋は渋谷のバーに駆け付けた。時計の針は夜11時近くを指していた。待っていたのは、採用内定者11名。内定者を集めた夕食会の2次会に合流したのである。(中略)

藤田がここまで新卒採用に執念を燃やすのは、会社は自前の人材を育ててこそ、持続的な成長が可能になる、という強烈な信念を持っているからだ。

(「週刊東洋経済」2005年6月11日号)

私もこの当時、「ワールドビジネスサテライト(WBS)」でサイバーエージェントを特集しました。テーマはこの記事同様に「採用に力を入れている会社」「伝統的大企業では得られないやりがいを求めて若者たちが集まる企業」でした。

このときのことを藤田社長は自身のブログでこう振り返っています。

WBSのインタビューを受けました。

テーマは、若者の働く価値観が変わってきているという内容。

今の若い人は、夢のある環境を求めていると思います。

「最近の若者はすぐ辞めるなど、堪え性が無い」

と言っている経営者の方に関しては、

「会社が夢のある環境を用意できてないのではないか」

と意見させていただきました。

（「渋谷で働く社長のアメブロ」2005年8月3日）

サイバーエージェントの組織に関する記事は、実に数多く出ています。

取締役会のほかに3カ月に1度、役員合宿も開催している。1泊2日ホテルに缶詰めになり、中長期の経営課題や戦略について徹底的に討論する。

（「週刊東洋経済」2007年4月28日号）

「CA8」という役員の交代制度を開始する。CA8のルールは、至って明快だ。「役員数の上限を八人とする」「二年に一度、二人が入れ替わる」の二つだけだ。

（「週刊ダイヤモンド」2008年10月4日号）

同社は以前から、部署ごとにリファラル採用を実施していたが、双方の希望が合わないと採用とならず、グループ全体の人材不足が解消されなかった。そこで16年、まず紹介者の部署で選考し、採用に至らなくても、別の部署やグループ会社が改めて選考する方法に拡大した。

（読売新聞　2018年10月2日）

新卒採用への取り組み、新規事業プランのコンテスト、役員合宿や任期制、リファラル採用（社員の紹介による人材採用）。どれも珍しいものではありません。普通の会社であれば、わざわざマスコミ向けに発信しようとすら思わない内容です。

長年にわたって組織軸のストーリーを発信し続けることで、マスコミ対策の面でメリットが生まれます。それは記者やディレクターの間に「一般的な日本企業とは異なる組織のあり方を常に模索している会社」というイメージが定着するのです。

何か組織に関する特集を組もうと思ったときに「サイバーエージェントであれば何か興味深い取り組みをしているのではないか」と記者やディレクターが真っ先に思い出し、問い合わせをするようになるのです。

創業期は社長軸で、そして成功をつかんだ後は組織軸で発信し続けている、サイバーエージェント。２段ロケットのようにストーリーの軸を使い分けた、傑出した事例です。

07 自分で気づかないストーリーを発掘する方法

▼テレビのために、あるべき姿を歪めない

ストーリーをつくる上で、最もやってはいけないことがあります。それはテレビに出るために、自分や本業の姿を曲げてしまうことです。いわゆる**「テレビ受け」を狙う行為**です。テレビに取材されたいあまりに、自分の想いとはかなり外れたことを打ち出す方は少なくありません。テレビ受けを狙ってはいけない理由は、３つあります。

①何度も話していると、自分自身がつらくなる

自分の想いとは外れたストーリーで、万が一、テレビに出たとします。全国放送であれば、視聴者は約５００万人はいます。放送後には、顧客、取引先、従業員、学生時代の友だちなど

から反響があります。番組を見た人たちからは、テレビで放送された内容よりもさらに深く、聞かれることになります。テレビを見た他のマスコミなどから、新たな取材依頼が来ることもあるでしょう。

一度や二度であれば、違和感を覚えながらも、取り繕って話すことができます。ですが、何度も話しているうちに、自分自身がつらくなってくるはずです。そうするうちに、やがてテレビ向けにつくったストーリーを話さなくなります。

ストーリーをつくる目的は、何度もテレビに出ることです。自分自身が嫌になって話すのをやめるようなものであっては、何度も出ることはできません。

②テレビの取材者にすぐばれる

テレビのディレクターはストーリーの主役として取り上げる人物には、1時間以上、インタビューします。1時間も話を聞くと、嘘くさい話は、何となく気がつくものです。

「ガイアの夜明け」のような長編ドキュメンタリーであれば、半年や1年以上にわたる取材も珍しくありません。ディレクターは、少しでも嘘くさいと感じた話は迷わずボツにします。取材期間に余裕があるので、別の取材先を見つけることもできます。

正確さを欠く話を放送して問題化するようなことがあれば、ディレクターの責任になってしまいます。取材されたからといって、絶対に放送されるというわけではないのです。

③リスクが大きすぎる

話していて、自分自身がつらくなることはない。ディレクターのこともだまし続ける自信がある。そうであったとしても、やめておいたほうがいい理由があります。テレビを見た、周囲が黙っていないからです。

SNSで嘘を暴かれたら、それでおしまいです。SNSの書き込みは、半永久的に残ります。そうなってしまったら、もはや何のためにテレビに出たのかわかりません。

テレビ向けの背伸びは、どの程度であれば許されるものなのでしょうか。コンサルティングの際、私は「異性との初デートのときの背伸び程度」とお伝えしています。

初めてのデートのとき、普通は自分が持っている服のなかで一番よさそうなものを着るはずです。普段は絶対着ないような高級服を着ていれば、不自然です。会うたびに分不相応な服を用意するわけにもいきません。少し背伸びする程度が、ちょうどいいのです。

▼ストーリーの起点は想い

ある企業の特集番組をつくるとき、ストーリーの主役となる人物にディレクターがインタビューをします。全部で10分程度の特集だとすると、主役のインタビュー映像は1、2分しか放送しません。1分使うだけの映像を撮るために、1時間以上もディレクターはカメラの前で話を聞くのです。

なぜ、ディレクターはそこまで非効率なことをするのでしょうか。インタビュー相手とあらかじめ質問項目と回答内容をすり合わせて原稿をつくり、そのまま読み上げてもらえば、撮影時間は3分もあれば十分です。しかし、報道番組でそのような「効率的」な取材をするディレクターはいません。

ディレクターが聞きたいのは、経営戦略や競合への対抗策といった企業の情報だけではありません。テレビカメラで撮影したいのは、**ストーリーの主人公となる個人の感情**なのです。感情のこもった声をカメラの前で引き出したいのです。

報道番組ですから、企業情報も当然伝えなくてはなりません。ですが、企業情報は主人公に映像のなかで直接語ってもらうよりも、ナレーションで説明したほうがはるかにわかりやすいものとなります。プロのナレーターが要点に絞った原稿を読み上げるのですから当然です。主人公に語ってもらいたいのは、ナレーターが伝えられないものなのです。

インタビューの相手はテレビカメラに慣れた芸能人ではありません。インタビューが始まってしばらくは、緊張の面持ちです。素直な感情をカメラの前で出すようなことはまずありません。インタビュアーはあの手この手でさまざまな質問を繰り出しながら、感情のこもった言葉を引き出そうとします。そうすると、どうしても1時間以上はかかってしまうのです。

「テレビのインタビューを受けたけど、同じようなことを何度も聞かれた」

このように言われることもあります。同じようなことを何度も聞くのは、なんとか感情を引き出そうとしている苦心のあとなのです。

インタビューでさまざまな角度から質問をぶつけられた結果、聞かれる側にはどのような影響を与えるのでしょうか。私がある有名経営者をインタビューしたときのことです。後日、幹部会議でその社長は晴々とした表情で、こう言ったそうです。

「インタビューを受けて、自分がこれまで何を思い、どこに行きたいか見えてきた」

さまざまな角度から質問を受けることで、自分の頭のなかが整理されるということ。感情のこもった言葉を引き出される過程で、自分の原点にある想いを思い出すということ。その結果、将来の道筋まで見えてきたというのです。一日中、経営のことばかり考えてきた社長ですら、第三者から質問を受け続けることで、自社や自分を再発見できたというのです。

経済評論家といった特定の分野の専門家に「景気の見通し」などについて、インタビューすることもあります。このときに聞きたいのは、純粋に専門的な見地からの情報です。感情のこもった言葉などは一切、不要です。ですから、インタビューは比較的短い時間で終了します。ストーリーの主人公へのインタビューとは、姿勢が全く異なるのです。

テレビが引き出したいのは、ストーリーの主人公の感情です。ですから、ストーリーを構築する際には、まず自分自身の想いが本当にこもったものであるかどうかを確かめる必要があります。ストーリーの起点は常に、主人公の想いです。

▼言葉になっていない想いを見出すために

「ストーリの起点は想い」だと述べました。とはいえ、自分が抱いている想いを自覚し、言葉で表現できる人は極めて少数です。言葉にならない漠然とした感情を抱いているという方が圧倒的に多いのです。

私がストーリー構築のコンサルティングに取り組む際には、この「**想いの言語化**」にかなりの時間を費やします。最低でも7時間、社長にインタビューします。商品開発の経緯など、定番の質問はそれほど多くはありません。社長の想いを刺激し引き出すために、揺さぶる質問も多用します。建前を打ち崩すために、あえて失礼な質問をぶつけることもあります。

「子どもの頃は、何をしてすごしていましたか」

「もう十分に稼がれたのですから、あとは楽に生きようと思われないのですか」

「業界のプロにとってはすごいのかもしれませんが、業界外の人間にはわからないですよね」

こうした質問は、コンサルティングで言葉にならない社長の想いを引き出すための技術のひとつです。前項で述べた、ディレクターがインタビューで相手の感情を引き出すときに用いるのと同じやり方を応用しているにすぎません。

ディレクターから長時間のインタビューを受ければ、想いを明確にしやすいとも言えます。

ですが、そもそもディレクターからの取材依頼を引き寄せるために想いを言語化しようとしているのですから、この方法を取ることはできません。

そこで簡単にできる、2つの方法を紹介します。

①とにかく書き出す

自分の思っていることを、とにかく文章として書き出すという方法です。他人に見せるために書くのではないので、文章の巧拙は問題ではありません。量を多く書き出すということが重要です。量を書くことで、建前ではない自分の心の底に眠る本音が見えてきます。いわば頭のなかの棚卸しです。

とはいえ、真っ白な紙にいきなり自分の想いを書き出すのは難しいものです。そこで私がコンサルティングの際に、必ずと言っていいほど聞く質問項目を次ページにまとめました。この質問に自分で答えることで、自分自身を見つめ直すきっかけとしてください。自分で書いた答えを見返すことで、ぼんやりとストーリーの軸が見えてくるはずです。

②とにかく他人に話す

ひとりで書いていると、考えが堂々巡りになることがあります。自分ひとりで考えるのに行き詰まったような場合にお勧めしているのが、他人と話すという方法です。

ただし、話す相手は誰でもいいというわけではありません。大切なのは、説教をしてこない

【ストーリーの軸に気づくための24の質問】

1. 今のビジネスを始めたきっかけ
2. なぜ今のビジネスでなくてはならなかったのか
3. 今の生き方を選ぶことになったきっかけ
4. 自社の最も強い部分はどこか
5. 自社の強みはなぜ生まれたか
6. 自社の最も弱い部分はどこか
7. 自社の弱みはなぜ克服できていないのか
8. 現在のビジネスで最も楽しかったこと
9. 現在のビジネスで最もつらかったこと
10. つらいことを乗り越えられた理由
11. 絶対に許せないものはあるか
12. 最近のビジネス環境の変化は何か
13. 変化を乗り越えるために取り組んでいること
14. 顧客の役に立っていると思えるのはどんなときか
15. 顧客に言われて、印象に残った言葉
16. 同業者のことをどう思っているか
17. ビジネスで成功した暁に、自分自身はどうなりたいか
18. 引退するときに、自分自身はどうなっていたいか
19. 10億円が手元にあったら、何をしたいか
20. 子どもの頃に好きだったこと
21. 子どもの頃に嫌いだったこと
22. 他の従業員と普段接するとき、どんなことを感じているか
23. 他の従業員にはどうなってほしいか
24. 理想の組織とはどのようなものか

相手に話すということです。目的はとにかく言葉に出してみることによって、自分の想いに自分で気づくようになることです。相手から何かの回答を引き出したいわけではありません。聞き上手と言われるような相手に話してみるのが理想的です。学生時代の友人など、何でも気兼ねなく話せる相手を久しぶりに飲みにでも誘ってみてください。

▼自分を客観視できる人間はいない

「小学生の頃から、私は生粋の商売人でしたね」

支援先の社長から、このように言われたことがあります。2代目として跡を継いだ後、10年も経たないうちに、先代をはるかに超えるほど会社を大きくした敏腕社長です。

「小学生の頃は、お菓子のおまけのシールが大人気。そのシールで、私は商売をしました。同じシールを何枚も持つ同級生から安く買い上げ、別の子どもに高く売りました。大学生になると、同じ大学に通う学生を家庭教師として派遣する会社を始めました。大学生ながら、年収は1000万円を超えましたよ」

私が支援するまで、このようなプロフィールをプレスリリースに掲載していました。確かに、子どもの頃から非凡な商才を持っていたことがうかがえるエピソードです。事業拡大に積極的な社長仲間には共感を得られるものかもしれません。ですが、ストーリーを見る一般の人たちには「ガツガツした経営者」という印象を与えてしまいます。

より深く話を聞いていくと、社長は素晴らしいストーリーの種をいくつも持っていました。父親の想いを受け継いだこと、大病を克服した経験、修業時代のひたむきな想いなどです。人柄も経営者としての実績や能力も、申し分ありません。しかし、当の本人は子どもの頃から「生粋の商売人」であることをアピールしたいと思っていたのです。

「灯台下暗し」という、ことわざがあります。これは昔からの経験則というだけではなく、実験によっても証明されています。オーストラリア・ニューサウスウェールズ大学のデビッド・ホワイト博士の研究によると、自分のプロフィール写真すら、客観的に選べないというのです。

102人を対象にした実験です。12枚の自分のプロフィール写真を用意します。そのなかで自分が最もよく写っていると思うものを1枚選びます。次に、見ず知らずの他人に同じように、12枚のなかから、最もよく写っていると思うものを選んでもらいます。さらに自分が選んだものと第三者が選んだものを、別の第三者にどちらがいいと思うかを判別してもらいます。

その結果は、自分ではなく他人が選んだもののほうが、評価が高かったというのです。プロフィール写真1枚ですら、自分を客観的に見ることは難しいということです。

人間は自分のことに限っては、冷静でいられません。ストーリーの要素を洗い出すときには、当時の記憶が蘇ってきます。

「あの頃のことを思い出して、切ない気持ちになってきました」

ストーリー構築のコンサルティングをしていると、このようなことを言われることがよくあります。本人にしかわからないさまざまな想いがあるからこそ、自分自身を客観的に見つめることは難しいのです。

大きな犠牲を払って手に入れた成果は、重要なものだと思いたいものです。反対に、劣等感を抱いている部分は隠したくなります。ですが、払った犠牲も抱いている劣等感も、他人には全く関係のない話です。

自己認識と、他人から見た自分。そのギャップを知るための簡単な方法があります。前項で紹介した、「他人に話す」という方法です。

相手も大人ですから、気を使って、率直な感想を答えてくれないかもしれません。ですが、話したときの相手の表情や仕草などから、感触を確かめることはできます。ストーリーを仕上げる最終段階でも、ぜひ第三者の反応を確かめるようにしてください。

4章

ストーリーを
プレスリリースに
盛り込む技術

01 プレスリリースの基本

▼プレスリリースとは何か

「プレスリリース」とは、そもそも何なのでしょうか。

「プレス」とはテレビ、新聞、雑誌といった報道機関全般を指しています。「リリース」には発表や公開という意味があります。つまり、プレスリリースとは報道機関向けに発表する文書ということになります。

ここで言う「報道機関」とは、特定の社に限ったものではありません。世の中のすべての報道機関に対して公表したという扱いになります。

もちろん、世の中のすべての報道機関にプレスリリースを送ることは不可能です。ですが、いったんプレスリリースとしていくつかの限られた報道機関だけに送ったとしても、すべての報道機関に対して開かれた情報という扱いになります。プレスリリースを直接送っていない報道機関から問い合わせが来たとしても、企業として何らかの対応をしなくてはなりません。

プレスリリースの書き方には基本となるルールがあります。次の3点は必ず踏まえておいてください。

①客観的な事実をもとに伝える

報道機関には、客観的な事実に基づいて伝えなくてはならないという原則があります。ですからプレスリリースも、その原則に沿った記載内容でなくてはなりません。

「世界初の取り組み」「史上最高のおいしさ」「待望の新発売」などと力強く訴えても、根拠を示せなければ、プレスリリースを送る側の願望にすぎません。

「世界初」というのであれば、どの調査に基づいているのか。「史上最高」とは、どのような基準でそう言えるのか。「待望」とは誰がどれほど待ち望んでいるのか、予約数や問い合わせ数などで具体的に示すことはできるのか。プレスリリースは送る側と受け取る側で、解釈が分かれない内容にしなくてはなりません。

②発表するのは、新しい何か

プレスリリースは、報道機関向けに発表する文書です。発表というからには、何か新しいものでなくてはなりません。これから始まるもの、あるいは開始間もないものでなければ、発表にはなりません。

「5年前から売っている商品が、好評につき、今年も順調に売れています」という趣旨のプレスリリースをよく目にすることがあります。ですが、これではプレスリリースではなく、ただの商品紹介です。プレスリリースの主題に、新しい要素が何も盛り込まれていないからです。「今年も順調に売れている」ことではなく、例えば「販売累計1万個を達成」、あるいは「取り扱い店舗が100店を突破」など、商品にまつわる何か新たな要素があれば、プレスリリースの主題となりえます。

会社として、新たに発表するもの。これがプレスリリースで書かれるべき内容の主題です。

③プレスリリースの型に沿って書く

プレスリリースの書き方に、何か難しい作法があるわけではありません。プレスリリースの様式美にこだわっても、意味はありません。というのも、プレスリリースを読むディレクターは、そのネタが番組にできるかどうかしか見ていないからです。ですから、文章の巧拙など細かな点にまで神経質になる必要はないのです。重要なのは形式ではなく、何が書いてあるかだけです。

細かい形式にこだわる必要はないのですが、プレスリリースとしての最低限の基本だけは守らなくてはなりません。一目見てプレスリリースの基本の形になっていなければ、ディレクターは「よく送られてくるプレスリリースと称するチラシ」と一瞬で判断して、中身まで読まないからです。

▼中小企業が守るべき、プレスリリースの三部構成

ではプレスリリースの基本形とは、どのようなものでしょうか。プレスリリースの基本構成は、3つのパートで成り立っています。タイトル、内容説明、そして会社概要です。

①タイトル

タイトルは1～2行で、簡潔に、全体の要点がわかるようなものにします。プレスリリースはあくまで企業の公式な発表文書です。コピーライターが書いたような、かっこいい表現は必要ありません。

②内容説明

プレスリリースの本体です。このパートで、発表内容を具体的に説明していきます。分量としては全体の7割程度を占めます。タイトル同様に、かっこいい文言や大げさな表現は一切必要ありません。

プレスリリースの基本形

・かっこいい表現は一切不要
・中小企業は会社概要が重要

③会社概要

会社の簡単な紹介と担当者の連絡先を記します。会社紹介は200字程度でまとめます。

中小企業にとっては、かなり重要であるにもかかわらず、極めて軽視されている箇所です。大企業であれば、会社概要に気を配る必要は全くありません。担当者の連絡先だけでも十分です。大企業だと、プレスリリースを読む側が会社の基本事項を把握しているからです。トヨタ、ソニー、サントリーの事業内容、売上高、ビジョンなどを、プレスリリースで教えてほしいとは誰も思いません。

対照的に、中小企業は知名度がありません。プレスリリースを受け取った側は、発信元の会社のことを何も知らないのです。初対面の相手には、普通は簡単な自己紹介をします。プレスリリースでも、それは同じことなのです。

▼中小企業がプレスリリースで狙うべきは、事前取材

中小企業はプレスリリースで何を狙うべきなのでしょうか。

「テレビなどの取材を獲得することに決まっているではないか」

誰もが、このように思うでしょう。確かに、その通りです。ただし「番組で放送される」というのは、いわば最終的な目的地です。この離れた目的地にたどり着くためには、いくつかの経由地を通らなくてはなりません。自宅からアメリカに行こうと思えば、まずは自宅から空港

へ向かわなければならないのと同様です。

番組放映という目的地に到着するには、どのような経由地を通らなくてはならないのでしょうか。適切な経由地を知るためには、ディレクターが取材先の決定に至るまでにどのような判断過程をたどるかを把握する必要があります。


ディレクターがプレスリリースの束をめくりながら、番組企画になりそうなものを見つけたとします。この段階では「番組企画にできそう」という感触にすぎません。感触を確かめるため、簡単な情報収集をしていきます。

まずはプレスリリースの発信元の社名をネットで検索し、その会社のサイトやその他の情報を一通り見ていきます。ネットで簡単に調べた後で、実際にプレスリリースの発信元の会社へ電話をかけます。電話での事前取材を経て、取材に行くかどうかを判断します。プレスリリースだけで確定させることは、ほとんどありません。


なぜ、実際の撮影に入る前に、ディレクターは電話で事前取材をするのでしょうか。理由は2つあります。

ひとつはプレスリリースが的確に事実を伝えているかどうか、わからないからです。プレスリリースを読んだだけで放送を決めるのは、危険が大きすぎます。テレビの場合、新聞や雑誌以上に事前取材が重要です。番組で1日取材すると、テレビ局社員の人件費以外にも10万円以上の出費が発生します。カメラマンへの報酬や撮影機材を運ぶ車のレンタル代などが、かかるからです。

事前取材なしに番組で取り上げることを決めて、実際に撮影に訪れた後で「プレスリリースとはどうも話が違う」ことが明らかになったとしたら、どうなるでしょうか。その時点で、10万円以上の制作費が無駄になってしまいます。

取材費用が無駄になるだけでは済みません。ニュース番組は放送前日、あるいは放送当日に撮影することがほとんどです。「プレスリリースと実際は違う」となって放送できないということは、放送直前になって予定していた枠がそのまま空いてしまうことを意味しています。経費の面でも番組運営の面でも、到底許されるものではありません。

電話で事前取材するのには、もうひとつ理由があります。プレスリリースには書かれていない情報を、直接会話することによって引き出したいからです。プレスリリースに書かれている情報は、極めて限られたものです。実際に話してみると、もっと興味深いストーリーが眠っているかもしれません。番組を少しでもいいものにするために、取材先が持っている、あらゆる要素を事前に洗い出しておきたいものなのです。

このときディレクターは、会話のなかの何気ない一言から、プレスリリースに書いていない要素まで探っていこうとします。事前取材の手段がメールなどではなく、会話ができる電話であるのは、こうした理由からです。

ちなみに、大企業の取材でも必ずと言っていいほど、電話で事前取材を行ないます。ただし、簡単にプレスリリースの内容を確認する程度です。大企業は知名度があるので、ディレクターが、その会社の基本情報をわざわざ聞く必要はないからです。

とにかく、「番組で放送される」という目的地に着く前に、必ず電話による事前取材という経由地を通ることになります。どんなに素晴らしいプレスリリースを書いたとしても、必ず事前取材はあります。言い換えると、プレスリリースだけで番組放映を確定させることはできないということです。

アメリカへ向かう際の最初の目的地は空港です。同様に、プレスリリースの目的は**テレビ放映の手前にある事前取材を呼び込むことと割り切ってしまっていい**ということです。

事前取材を呼び込むことが目的なのですから、言いたいことのすべてをプレスリリースに書き記す必要はありません。

プレスリリースはいわば「映画の予告編」のようなものです。予告編の目的は、その映画に興味を抱いてもらうことです。映画の内容すべてを伝えることではありません。ですから映画の予告編では、観衆が面白いと思うものだけを抜粋して見せます。プレスリリースも同様に、ディレクターが興味を持ちそうな部分だけを抜粋して伝えればいいのです。

取材決定までのディレクターの動き

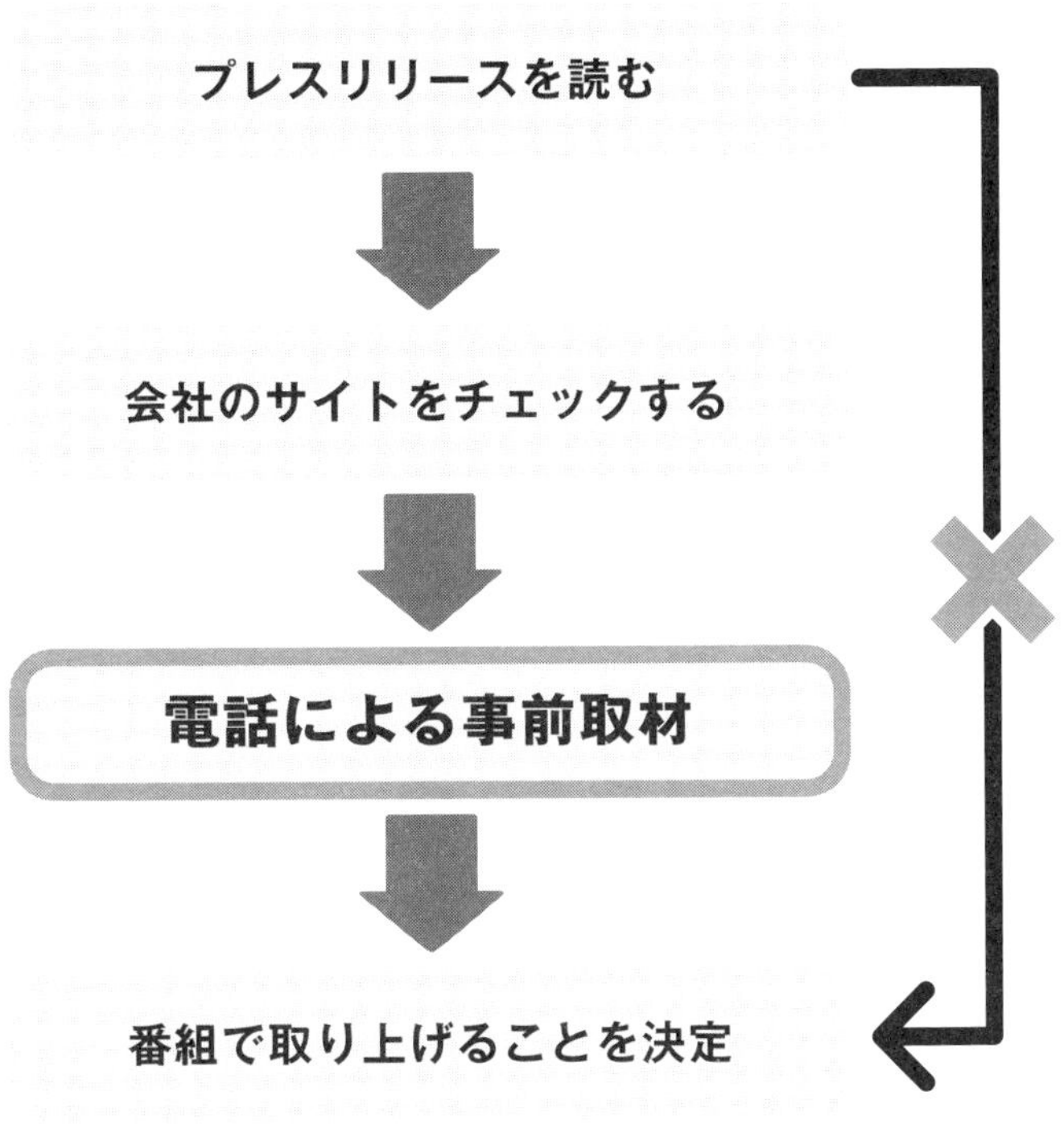

事前取材せずプレスリリースだけで
取材を決めることはない

プレスリリースの目的
＝事前取材を呼び込むこと

▼Ａ４用紙１枚にまとめる

プレスリリースはできる限り、Ａ４用紙１枚にまとめてください。その理由は３つあります。

①プレスリリースに細かい情報まで求めていない

前述の通り、ディレクターがプレスリリースに求めているのは、番組で取り上げられる可能性の有無を知りたいということだけです。相手は可能性の有無を確かめたいだけなのですから、商品の細かい仕様などを書き記す必要はありません。

②重要な情報が埋もれてしまう

「多くの情報を書き込んだほうが、どれかにひっかかる確率が高くなるのではないか」

こうした「数撃てば、当たる」という発想のプレスリリースを目にすることもあります。残念ながら、これは逆効果です。たくさん書きすぎると、何が重要な情報なのか見えづらくなってしまうからです。

番組には１日５００通近いプレスリリースが来ます。番組制作者は、１枚ずつ丹念に読み込むようなことはしません。短時間ですべてに目を通すために、猛烈なスピードで読み飛ばしています。ですから、細かな情報まで盛り込みすぎると、結局は何も印象に残らないということになってしまいます。

③大量のＦＡＸに紛れる危険がある

プレスリリースはＦＡＸで送ります。あえて「時代遅れ」とも思えるＦＡＸを使う理由は、次章で詳しく述べていきます。

繰り返しになりますが、番組にはプレスリリースのＦＡＸが毎日５００通近くは来ます。プレスリリース以外のＦＡＸも数多く届きます。ＦＡＸ機は朝から晩まで、止まることはありません。

あまりに大量のＦＡＸが届くので、ＦＡＸ機の下にはＦＡＸ受けのダンボールが置いてあります。ダンボールに埋まった頃を見計らって、アルバイトが番組宛てのプレスリリースなのか、ただの宣伝チラシなのか、あるいは特定の個人宛てなのか、仕分けをしていきます。仕分けの際に、複数枚にわたるＦＡＸはホチキスでまとめていきます。

この仕分けの際に、どうしてもミスが起こってしまいます。ホチキス留めが間違っていることがあるのです。プレスリリースのページをめくると、違う会社のものだった……。これは、それほど珍しいことではありません。ディレクターも大量のプレスリリースを一気に読んでいる途中なので、わざわざ正しい紙を探しに行くようなことはしません。

最初からプレスリリースを１ページにまとめてしまえば、このようなトラブルにあう危険はありません。無用な事故を防ぐためにも、よほど特別な事情でもない限り、１ページに収めるべきなのです。

「どう頑張っても、1枚に収めきれませんでした」

プレスリリースを実際に書いてみた方から、このような声を頻繁に聞くことがあります。よく聞いてみると、伝えるべき情報の絞り込みが不十分ということがほとんどです。言いたいことのすべてを書く必要はありません。ディレクターが「番組企画にできそう」と思える要点だけを書いていけばいいのです。

02 ストーリーを見せる、タイトルのつくり方

▼勝負はタイトルで決まる

プレスリリースのなかで、最も重要な部分が「タイトル」です。

ディレクターは1日1回、手元に大量のプレスリリースの紙の束を置いて、それを猛烈な勢いでめくっていきます。このとき、まずタイトルだけを見ます。番組企画になりそうな雰囲気が漂っているタイトルであれば、内容まで読み進めていきます。

タイトルで「番組にできない」と判断したら、中身まで読み進めることはありません。つまり、タイトルがダメなら、どんなにいい中身でも意味がないということです。

タイトルの重要性は理解しているものの、的外れな方向で知恵を絞っているものも少なくあ

りません。タイトルで注目を集めようとして、過剰に煽る文言を使っているプレスリリースが実に多いのです。

例えば「世界初の試み⁉」といった文言を、タイトルの先頭に織り込むようなやり方です。こうした小手先の表現で引き寄せられるほど、甘くはありません。ディレクターはこうした中身の伴わない煽り文句を毎日、嫌というほど目にしています。一般の消費者がダイレクトメールやネット広告などで、過剰に煽った文言を見ても、真に受けないのと同じです。

タイトルは小手先の煽りの表現だけで、何とかなるものでもありません。タイトルは簡潔に、客観的に、要点を伝えればいいのです。

▼タイトルは読ませずに、見せる

テレビのテロップは、1行15文字から20文字程度に収まっています。これくらいの文字数が、ひと目で内容がわかる限界の長さだからです。この文字数を超えると、左から右へ目線を動かさないと内容が理解できなくなってしまいます。

テレビのテロップは、2行に収まっています。3行になると、目で追うのが疲れてしまうからです。テレビのテロップは読ませるのではなく、見せるようにつくっているのです。

「一目でわかる」ことにこだわっているのは、テレビだけではありません。ヤフートピックスのタイトルも、13・5文字と決まっています（0・5文字というのは、数字などを半角で表現するためです）。

1日500通のプレスリリースを猛烈な速さでめくっているディレクターに、タイトルを見た瞬間に内容を理解させるには、やはり**タイトルは1行20文字程度、2行以内で収めたい**ところです。

▼実践・ストーリーを伝えるタイトルをつくる

プレスリリースの原則は「何か新しいものを発表する」ことだと書きました。一方でストーリーは「古びることなく、何度もテレビに出るための武器」とも、これまで述べてきました。

ここにひとつの矛盾が生じます。プレスリリースは新しいものを伝えるための手段ですが、ストーリー自体は新しい出来事ではありません。つまり、ストーリーそのものはプレスリリースの主題として配信するのに適したものではないということです。

プレスリリースでストーリーを伝えるためには、「ひと工夫」が必要です。ひと工夫とは、「**新しい事実を、ストーリーの流れのなかで書き記す**」というやり方です。

私が過去に支援して、実際に成果を挙げた会社を例に見てみます（守秘義務の都合上、内容には脚色を加えています）。

【事例】

飲食チェーン店。離職率の極めて高い業界であるにもかかわらず、今年の離職率は0％。かつては離職率は40％近くにも達していたが、若手従業員たちが奮起し、社内改革のプロジェクトチームを結成。若い従業員のやる気を高める制度をいくつも導入した結果、離職率0％を実現。

この企業がプレスリリースを出す場合、何をタイトルとすべきでしょうか。ストーリーは組織軸です。「若い従業員がプロジェクトチームをつくり、やる気を高める制度を導入した」ことが、ストーリーとなります。

ですが、その制度を導入したこと自体は過去の話です。ですから、「やる気を高めるための制度を導入」という主題で、プレスリリースを出すわけにはいきません。新しい事実はあくまで「今年の離職率は0％」だからです。

とはいえ、「今年の離職率は0％」だけでは番組の企画になりません。番組で取り上げるには、ストーリーが必要です。ですから離職率0％の背景には組織軸のストーリーがありそうだということを、タイトルで匂わせる必要があります。

そこでタイトルは、このようにしてみます。

「若手社員が企画した、やる気を高める制度で離職率0%を達成」

全部を1行に収めず、2行に分けたのもポイントです。1行目は一目でわかる文字数の20文字です。1行目に「若手社員が企画した、やる気を高める制度で」という文言があることで、ディレクターは「若手社員が企画した経緯や、やる気を高める仕組みを取材すれば番組として成り立つかも」と思い、プレスリリースの内容まで読み進めることになります。

03 取材を確実にする、内容説明のつくり方

▼「いつなのか」を、絶対に漏らさない

「ビジネス文書の書き方」の指南書などには、必ずと言っていいほど「5W1Hを押さえましょう」と書いてあります。5W1Hとは、「いつ（When）、どこで（Where）、誰が（Who）、何を（What）、なぜ（Why）、どのように（How）」という6つの要素を文章のなかで書き記すと、情報を漏れなく、わかりやすく、伝えることができるというものです。

ビジネス文書の基本的な心得ですから、プレスリリースの本題を書く際にも心がけたほうがいいのは言うまでもありません。とはいえ、5W1Hにそれほど神経質になることはありません。プレスリリースの読み手は美しいビジネス文書を求めているわけではありません。あくまで「番組企画にできるかどうか」しか見ていないからです。

5W1Hはそれほど気にする必要がないのですが、この6要素のなかで、一点だけ絶対に書き忘れてはいけないものがあります。それは**プレスリリースの本題となっている出来事が「いつ（When）」なのか**ということです。イベントなら開催日程、新商品なら発売日、販売数や調査結果といった数値であれば期間です。

ディレクターがプレスリリースから企画を探そうとしているときには、2種類のケースがあります。ひとつは、日付が決まっている放送枠を埋めるために取材先を探しているという場合です。

もうひとつは、特定の放送予定日が念頭にあるわけではないが、いずれ番組企画にできるかもしれない題材を集めている場合です。ほとんどのディレクターは「そのうち番組企画にできるかも」と思った、プレスリリースや新聞・雑誌の記事などを集めた「ネタ帳」をつくっています。そのネタ帳に入れておくのです。

割合としては、放送日が念頭にあることが圧倒的に多いというのが実情です。

放送日が念頭にある場合は「いつなのか」という点が、ディレクターにとって極めて重要です。5W1Hの残りの要素は、プレスリリースで抜け漏れがあったとしても、電話での事前取材で確認できます。ですが「いつなのか」が抜けていると、ディレクターは自分の放送担当日に関係のある案件なのかどうかがわかりません。よほど興味のある内容でもない限り、わざわざ「いつなのか」を、電話をかけてまで確認しようとは思いません。

普段の仕事の会話でも、５Ｗ１Ｈを気にしなくても意味は通じます。プレスリリースでも同じことです。細かい書式や言葉遣いに気を使うよりも、中身を磨き上げることを意識してください。外見は最低限整っていれば、十分です。

▼実践・ストーリーを伝える内容説明をつくる

「若手社員が企画した、やる気を高める制度で
離職率０％を達成」

先ほどの事例では、このタイトルでプレスリリースをつくることにしました。次は、このタイトルに沿った具体的な内容を書いていきます。

タイトルに沿って、普通に具体的な内容を書いていけば、以下のようになります。

「株式会社同文屋は今年、離職率０％となりました。離職率を０％にまで減らせたのは、当社の若い従業員のやる気を高める仕組みによるものです。具体的には以下の制度を導入しました。」

この文章は、「要点を簡潔にまとめたビジネス文書」という観点では、悪くはありません。

ですが、プレスリリースの目的はあくまで「ディレクターから事前取材を受ける」ことです。本来の目的に照らして、これを「ディレクターが取材したくなる」という観点から編集し直してみます。

「飲食チェーン店を展開する株式会社同文屋（本社：××県××市　代表取締役社長：中田治）は201×年の離職率0％を達成しました。飲食業界は特に離職率が高い業界として知られています。厚生労働省が2018年に発表した調査結果では、離職率は30％と全業種で最も高い数値となっています。当社でも3年前まで、20代の若い世代の離職率は40％近くに達していました。この状況に歯止めをかけたのが、30歳までの若手社員を中心としたプロジェクトチームでした。プロジェクトチームの発案で取り組んだのは、以下の3点になります。……」

当初のものと比較してみましょう。編集後のものでは具体的な「離職率0％を達成した取り組み」の記述の前に、その取り組みに至るまでの背景を付け加えています。

「取り組みに至るまでの背景」とは、すなわちストーリーの出発点です。単なる人事制度の紹介ではなく、「若手社員を中心としたプロジェクトチーム」の存在があることを本文中で示しておくのです。ストーリーが垣間見えると、ディレクターとしては「番組で取り上げやすい」と思えるからです。

04 中小企業は「会社概要」で勝負する

▼会社概要は、ストーリーを伝える主戦場

プレスリリースで、最も軽視されがちなのが会社概要です。ほとんどの中小企業がプレスリリースで記載している会社概要は、以下のようなものです。

本社：東京都千代田区○○○1－2－3
設立：201×年×月
資本金：1000万円
代表取締役社長：和家武男
事業内容：システム開発、インターネット関連事業

創業年月、売上高、従業員数、代表者名、住所などをこのように箇条書きにしたものです。会社概要として、確かに間違ってはいません。ですが、事前取材を受けるというプレスリリースの目的に資するものではありません。設立がいつであろうが、資本金がいくらであろうが、ディレクターの判断に何の影響も与えないからです。

プレスリリースの紙面は限られています。すべての記載事項を有効に使いたいものです。では、中小企業が取材の可能性を高めるために、会社概要には何を書くべきなのでしょうか。それは、**会社の根幹をなすストーリーの要約**です。ディレクターはストーリーのある企業を取材したいと思うからです。

プレスリリースは新たな取り組みを伝えるものだと書いてきました。ですから、過去の取り組みを大々的に書くわけにはいきません。ところが、「企業概要」だけは別です。会社としてこれまで取り組んできたことを自由に書ける、唯一のスペースです。この過去を自由に書けるスペースを活かして、会社の中核にあるストーリーを伝えるのです。会社概要を設立年月日や資本金などの羅列で終わらせてしまうのは、あまりにもったいなさすぎます。

大企業であれば、プレスリリースに会社概要は必要ありません。問い合わせ先だけで十分です。トヨタやパナソニックのことを知らないディレクターはいないからです。反対に中小企業は無名な存在です。会社の基本的な情報から伝えなくてはなりません。

ビジネス書を買うときに例えると、わかりやすいでしょう。ビジネス書を買う前に、本のどの部分を確認するでしょうか。まず自分の関心のあるタイトルの本を手に取ります。本を手にしたら、表紙をめくって、目次など具体的な内容を一通り見渡します。そして最後は著者の紹介文を見ます。著者の経歴が、そのテーマを扱うにふさわしいかどうかを確認するはずです。

プレスリリースでの会社概要とは、ビジネス書の著者紹介のようなものです。プレスリリースで何を言うかは、もちろん大切です。ですがプレスリリースを読む側からすると、どんな会社が言っているのかも同様に重要です。同じ内容でも誰が言っているかによって、重みが違ってきます。

過去の取り組みを自由に書ける、使い勝手のいい会社概要の欄ですが、プレスリリースの本題ではありません。ですから、あまり多くの字数を割くわけにはいきません。**長くても200字以内**には収めたいところです。

中小企業はプレスリリースの本題と同じくらいに会社概要に注力すべきです。プレスリリースの読み手は、あなたの会社のことを何も知りません。自社のストーリーを、ビジネス書の著者紹介のように書いてみてください。

▼中小企業に不可欠な「信頼できそうな雰囲気」

ストーリーの要点以外にも、中小企業が会社概要に入れておくべき要素があります。それは、

信頼できそうな会社だという雰囲気を醸し出すということです。

番組には多種多様な企業からの売り込みがあります。そのなかには、なにやら怪しげな商品を扱っている企業も含まれています。万が一にも、怪しい企業や商品を番組で紹介するわけにはいきません。

私の場合は、知らない企業を取材する前には、必ず帝国データバンクなどの与信情報を確認していました。与信情報でわかることは限られています。ですが、放送すると問題が起きそうな企業であるかどうかくらいは推測できます。

「信頼できそうな企業」と思わせるために、最も簡単な方法があります。**会社概要のなかに「有名な名前」を入れる**のです。取引先、社長の前職など、有名なものであれば何でもかまいません。大事なのは一流かどうかではなく、有名かどうかです。

社長が有名企業の出身であることと、経営する会社がしっかりとした事業を展開してるかどうかは、何の関係もありません。ですが、プレスリリースを受け取る側は何となく安心してしまうものなのです。

「有名な名前」を入れる以外の方法もあります。例えば老舗であれば、創業年を記載するのも有効です。真っ当な商売を続けなければ、長い間、生き残ることはできません。経営者に著書があるようでしたら、簡単に書き加える方法もあります。著書があるということは、その分野で認められている証しとなるからです。

中小企業には知名度がありません。知名度がないから、社名だけでは信頼を得ることはできません。何か使えるものがあるなら取り入れて、信頼性を補完してください。

会社概要の最後に書き忘れてはいけないのが「連絡先」です。

連絡先としてメールアドレスしか入れていないプレスリリースを見ることがあります。確かに、ビジネスの用件はメールで済ませることが多くなりました。ですが、プレスリリースには電話番号が不可欠です。電話番号だけでもいいくらいです。

先に述べた通り、電話で事前取材をした上で企画にするかどうかを決めるからです。電話番号がなければ、事前取材をしたくてもできません。

▼実践・ストーリーを伝える会社概要をつくる

これまで例に挙げてきた離職率0％の会社は、どのような会社概要になるのでしょうか。例えば、次ページのような会社概要となります。経営者の前職を入れることで、信頼性を補強しています。

組織軸が中核にある企業ですので、組織にまつわる過去の取り組みを記載しています。売上高、従業員数などの外形的な情報は書いていません。いずれもディレクターが取材するかどうか判断する際の材料にはならないからです。

完成例

××××年×月×日

若手社員が企画した、やる気を高める制度で
離職率0%を達成

飲食チェーン店を展開する株式会社同文屋（本社：××県××市　代表取締役社長：中田治）は201×年の離職率0%を達成しました。飲食業界は特に離職率が高い業界として知られています。厚生労働省が2018年に発表した調査結果では、離職率は30%と全業種で最も高い数値となっています。当社でも3年前まで、20代の若い世代の離職率は40%近くに達していました。この状況に歯止めをかけたのが、30歳までの若手社員を中心としたプロジェクトチームでした。プロジェクトチームの発案で取り組んだのは、以下の3点になります。

・**社長との徹底討論会**……現場で起きていること、会社のあるべき姿など、議題は自由。時間無制限で、参加者全員と社長が語り合います。
・**独立支援制度**……………新業態を企画し審査会で認められれば、事業責任者につくことができます。また売上や利益の基準を満たせば、そのままその店のオーナーとして独立することも可能です。
・**接客コンテスト**…………半期に一回、20代の若手社員限定の接客技術コンテストを開催します。優勝者は接客マイスターとして認定されます。

【会社概要】
株式会社 同文屋
神保グループのエリアマネージャーを経て、代表取締役の中田治が2001年に創業。「食を通じた起業家育成」を掲げ、事業展開。外国人観光客のための日本酒バルなど、地域の特性にあわせた個性的な店舗を次々と開発。新業態開発の際には出店エリア、メニュー構成、採用や育成など、すべて店長に一任することで、未来の経営者の育成に取り組んでいます。

【お問い合わせ先】
担当：井川
TEL: ×××-×××-××××
https:// ××××××××××
〒×××ー×××　××県××市××××××××

05 中小企業が犯す、プレスリリースの敗因

▼「最高」「かつてない」「おいしい」は厳禁

プレスリリースで犯しがちな表現のミスがあります。特に多いのが**「最高」「かつてない」「前代未聞」といった抽象的な煽り言葉**を使うことです。

「!」や「!?」を連発するプレスリリースも多く見かけます。書いている側は注目を集めるために用いているのでしょうが、これも何の意味もありません。あまりに多用されているので、読む側には何の印象も残らないのです。

「!」や「!?」を使いすぎるデメリットもあります。軽い印象を与え、プレスリリース全体の信ぴょう性まで疑われてしまいます。プレスリリースは「会社として、新たに発表する事実」です。事実を発表する場で「!?」がつくこと自体、そもそも適切ではありません。

失敗例：抽象的な言葉ばかり

××××年×月×日

アイスクリームの概念が変わる！？
アイスクリームショップ「クラフトワーク」
流行を生み出してきた原宿にグランドオープン！！
こだわりの素材と製法で、究極の味わいを皆さまにお届けします！！！

株式会社スイーツランド（本社：東京都××区　代表取締役社長：等留府裕太）は、×月×日にこだわりのアイスクリームショップ「クラフトワーク」をグランドオープンいたしました。 出店の地として、数々の流行を生み出してきた街・原宿を選びました。「アイスクリームの新たな歴史は私たちがつくる」という、私たちの創業の理念にふさわしい場所です。

店舗外観の写真

「クラフトワーク」ではおいしさを追求するために、一切妥協しません。おいしさへの想いは他のどのショップにも負けないと自負しています。日本各地の魅力あふれる素材を探し求め、素材本来の良さを引き出せるよう、ひとつずつ丁寧に、心を込めてつくっていきます。

牧場の素材を活かしたアイスクリームをつくるために、スタッフ総出で全国30カ所以上の生産者のもとへ伺いました。素材が生まれた環境を肌で感じ取り、そのうえで選び抜いた素材を直接買いつけました。素材だけではなく製法にもこだわりました。口の中で溶けるような滑らかな食感を楽しんでいただくために、空気を含ませながら高速で攪拌できる最新鋭のアイスクリームマシンを導入しました。アイスクリームマシン以外の工程も、ひとつひとつ丁寧に仕上げています。アイスクリームの概念を変えるような、かつてない最高のおいしさをぜひ、お店でお楽しみください！！

イメージ写真

【会社概要】
株式会社スイーツランド（https://○○○.co.jp/）
設立　20××年×月
代表者　代表取締役社長　等留府裕太
資本金　250万円
所在地　東京都××区××××××××
事業内容　スイーツの製造・販売

【本件についてのお問合わせ先】
担当：平　TEL:××-××××-××××　FAX:××-××××-××××　E-mail:info@×××××.co.jp

抽象的な煽りの文言を使ってしまう原因は、2つあります。

ひとつは、**プレスリリースとチラシの区別がついていない**ということです。プレスリリースは、マスコミ向けのチラシの類ではありません。あくまで「会社として発表する文書」というのが建前です。会社として公式に発表する文書である以上、軽薄な印象を与える表現は避けるべきです。プレスリリースは、いわば記者会見の文書版です。記者会見で軽薄に振る舞う経営者はまずいません。

もうひとつは、**発表する内容に自信がない**ときです。本音では内容に自信がないからこそ、表面だけでも飾り立てようとするのです。プレスリリースで「!?」を見た瞬間に、私は「また、話題づくりのためだけの賑やかしイベントの案内が来た」などと思っていました。

プレスリリースで「!」や「!?」を多用しているときは、「内容が弱い」と心の奥底で自覚しているサインです。そんなときはプレスリリースの内容自体を練り直してみてください。

▼ディレクターは専門家にあらず

製造業やIT業界で特に多いのが、専門用語や技術用語を当たり前のように使っているプレスリリースです。

失敗例：専門用語が多く、機能説明のみ

××××年×月×日

モバイルWebサイトの読み込み速度を最大25%アップする
次世代モバイルWeb技術「IEE2.0」のベータ版提供開始

ローレンツシステム株式会社（本社：東京都××区　代表取締役社長：朝永秀樹）は、モバイルWebサイトの読み込み速度を最大で25%アップできる「IEE2.0」テクノロジーのベータ版の提供を開始します。

レスポンシブデザイン、JavaScriptを使ったWebアプリケーションなどの拡大によって、特にモバイル端末におけるレスポンスタイムの改善ニーズは高まっています。こうしたニーズに応えるのが「IEE2.0」です。

「IEE2.0」はオープンソースを基盤に開発された、モバイルサイトの読み込み速度を高めるためのテクノロジーです。HTMLやCSS、JavaScriptに変更を加えることなく、読み込み速度を向上させることができます。「IEE2.0」ではキャッシュを利用することなどで、読み込み速度を最大25%アップすることが可能となりました。

「IEE2.0」による読み込み速度の向上によって、SEOでの効果、滞在時間やアクセシビリティの向上、さらにはサイト離脱の低減といった効果も期待できます。私たちはモバイル環境における、Webサイトのベストプラクティスをこれからも提供していきます。

【会社概要】
ローレンツシステム株式会社（https:// ××××××××.co.jp/ ）
設立　20××年×月
代表者　代表取締役社長　朝永秀樹
資本金　5,000万円
所在地　東京都××区××××××××
事業内容　システム開発、Webサイトの制作など

【本件についてのお問合わせ先】
担当：湯川
E-mail:　××××@××××××××.co.jp

プレスリリースを読むディレクターは、その業界の素人です。ディレクターは技術の専門家ではなく、あくまで「伝えることの専門家」なのです。ですから、プレスリリースは素人に理解してもらうという視点で書かなくてはならないのです。

特にエンジニア出身者がプレスリリースを書く場合に、難解な技術用語が多くなる傾向があります。業界のプロしか来ない展示会や学会発表の要領で、プレスリリースを書いてしまうのです。あるいは技術者特有の生真面目さゆえなのか、正確さを重視しすぎた表現を目にすることもあります。プロ以外はほとんど気にならない、細かな前提条件をいくつも列挙してあるような、回りくどい説明です。

プレスリリースを読むのは業界のプロではありません。自分の家族や親戚に説明するくらいの気持ちで書くのがちょうどいいのです。

▼キレイな写真と色鮮やかな文字は逆効果

強調したい部分を赤や青などの色つき文字で書いてあるプレスリリースも数多くあります。強調したい気持ちはわかるのですが、残念ながら逆効果となってしまうことがほとんどです。

理由は簡単です。ディレクターが実際に読むのは、モノクロでプリントされたプレスリリースだからです。

プレスリリースをＦＡＸで送ると、出力されるときにはカラーではなくモノクロに変わっています。メールなどで送ったとしても同様です。ディレクターは、気になったプレスリリースがあれば、必ずと言っていいほど紙に印刷します。

プレスリリースをプリントする際に、高価なカラー印刷は使いません。彩り鮮やかなプレスリリースであったとしても、ディレクターが企画検討する際にはモノクロに変わっているのです。せっかく強調するために色つき文字にしたはずなのに、モノクロ印刷されて目立たない薄い文字に変わり果てているのです。

「FAXだと自動的にモノクロ印刷になってしまう。メールだとしても、印刷の際にやはりモノクロになってしまう。それなら、プレスリリースを紙で郵送すればいいのではないか」

このように思われるかもしれません。ですが紙で送っても、結局はモノクロに変わることがほとんどです。

番組宛てに送られたプレスリリースは番組担当のすべてのディレクターが読めるように、プレスリリース入れの箱に入れられます。自分が読み終わったら、箱に戻します。気になるプレスリリースがあったとしても、他のディレクターも読めるよう、コピーをとって原本を箱に戻します。やはり、コピーの際にモノクロになってしまうのです。

「モノクロ化の悲劇」に見舞われるのは、色つき文字だけではありません。画像も同様に、この「悲劇」に襲われます。精細で美しい画像を貼りつけたプレスリリースをメールや郵送で送ってくる会社も珍しくありません。ですが、色つき文字と同様、ディレクターの手元では解像度の粗いモノクロとなってしまうのです。

つまり、できるだけ写真に頼らないプレスリリースにしたほうが安全なのです。

多くのプレスリリースでは「見栄えが何となくよくなる」という程度で、写真を多用しています。写真を用いるのであれば、写真でなければどうしても伝えられないものに絞るべきなのです。プレスリリースでの表現の基本は、あくまで文章です。

▼商品を送られる側の迷惑

プレスリリースと一緒に、商品の実物を番組に送ってくる会社も少なくありません。せっかく大切な商品を送っても、ほとんど効果はありません。

「実際に食べてもらえば、必ずおいしさをわかってもらえる」

そんな想いからなのか、特に多いのが食べ物です。しかし、その想いがディレクターに届くことはありません。

テレビ局にはさまざまな品物や手紙が送られてきます。過去には危険物が送られてきて、事件になったこともあります。ですから、見ず知らずの会社から送られてきた食べ物を口にすることは、まずありません。明らかに未開封とわかるような場合も同様です。

飲食物以外でも、新商品などが「ぜひ使ってください」と記した手紙とともに送られてくることもあります。これらも飲食物と同じく、使われることはまずありません。

なぜなら、取材先やその候補から金品を受け取ることは、報道機関のルールとして禁止されているからです。仮に個人宛てで会社に送られてきたとしても、自宅に持って帰ることはありません。社内で後ろ指を指されるような羽目にはなりたくないからです。

送られてきたものの、誰も触らない商品はどうなるのでしょうか。「送った商品を返してほしい」と言われても対応できるように、しばらくは社内に置いてあります。スタッフルームの片隅に、送られてきた商品を入れておくためのダンボール箱があるのです。誰も触らないので、ホコリをかぶったままの状態です。「返送してほしい」という連絡も、もはや来ないだろうと思えるほど時間が経った頃に、まとめて捨てられることになります。

なんとも悲しい商品の結末ですが、これが現実です。商品を送ることに、何の意味もありません。送られる側にとっても、迷惑でしかありません。プレスリリースはあくまで紙1枚が勝負の場なのです。

プレスリリース作成時のチェックリスト

- □ 事実をもとにして書かれているか
- □ 新しい事実を発表するものとなっているか
- □ （可能な限り）Ａ４用紙１枚にまとまっているか
- □ タイトルは1行 20 字以内で、２ 行以内に収まっているか
- □ 会社概要などで、会社のストーリーを示せているか
- □ 会社概要で「信用できそうな会社」だとわかるか
- □ 連絡先に電話番号が入っているか
- □「最高」「空前絶後」など、抽象語を使っていないか
- □ 専門用語や技術用語を使わずに説明できているか
- □ 精細な写真や色鮮やかな文字を用いていないか

06 プレスリリースでストーリーを伝える3事例

①新商品発表型

プレスリリースを出すタイミングは、無数と言えるほどあります。そのなかでも特に使われることが多いものを見ていきます。まずは新商品の発売に合わせる方法です。

2章で「ニュースとは変化の兆し」であると書きました。新商品というだけでは、本当に世の中を変えるような「画期的」な商品なのか、あるいはすぐに消え去る商品なのか、わかりません。実際、自称「画期的な新商品」の多くが販売不振によって、毎日のように世の中から消えています。

そこで、プレスリリースには新商品開発の経緯や背景といったストーリーの要素を盛り込んでいきます。性能ではなくストーリーの存在によって、新商品が「変化の兆し」であることを示すのです。

次ページに、例として私が支援した、あるＩＴベンチャー企業のプレスリリースを挙げました（守秘義務の都合上、内容は改変してあります）。開発の背景には社会軸のストーリーを、経営者の経歴には社長軸のストーリーを盛り込んでいます。

このプレスリリースでは掲載される可能性を高めるために、ストーリー以外の要素でも補強しています。２章で、テレビが取り上げる企業の分類として「今どき感があること」を挙げました。ストーリーだけではなく、このプレスリリースには「今どき感」も付加しています。このプレスリリースを出した時期は、ちょうど「ＡＩ（人工知能）」に注目が集まっていましたので、「ＡＩ」という単語も散りばめてあります。

ＩＴ業界や製造業の新商品は最新技術を用いていることが多いので、専門用語が入りがちです。ですが、このプレスリリースでは専門用語を一切用いていません。この例のもとになった会社はプレスリリースなどで継続的に情報発信を行なったことで、サービス開始前から経済紙や有名ビジネス誌で取り上げられました。さらに機関投資家から１億円近い出資を得る、大規模なシンポジウムに登壇するなど、活躍の場を広げています。

例：新商品発表型

××××年×月×日

社内コミュニケーションをAIで支援する
「モチベーションアップ」をリリース

株式会社イノベーション（本社：東京都××区　代表取締役社長：阿覧慶）は、職場のメンバー間のコミュニケーションを支援することで、従業員のやる気を高めるAIシステム「モチベーションアップ」を×月××日にリリースします。

いま、私たちの職場は多様化と複雑化を極めています。子育て、介護、将来の転職志向、定年延長とメンバーの抱える事情は多様化しています。多様化に法制度などの複雑化が追い打ちをかけます。ハラスメントの厳格化、副業解禁、残業時間の削減や生産性の向上、外国人スタッフへの対応などです。

「モチベーションアップ」は自分の経験や勘だけに頼らず、多様化・複雑化した職場でメンバー間のコミュニケーションを支援します。具体的には以下の機能を備えています。

①メンバーの適性把握

メンバーの適性と仕事に対して抱いている価値観を、脳科学の知見から導かれた16分類のなかから判別します。これにより管理職はメンバーの適性を客観的に把握することができます。

②メンバーへの対応方法の提案

メンバーの状態から、AIが将来の退職や心の健康で問題を抱えるリスクを予測し、AIが管理職に対し、メンバーへの適切な対応方法を提案します。

③マネジメントに関する知見の共有

自社、あるいは他社の事例を蓄積し、参考にすることができます。また事例が蓄積されていくことで、AIによる提案内容の精度が高まっていきます。

すでに東証一部上場のメーカー、大手広告会社、地域密着型の中小企業など、幅広い企業での導入が決定しています。

【会社概要】

株式会社イノベーション　東京都××区××××××××　代表取締役社長：阿覧慶

法明大学卒業後、ZEROKS入社。マネジャー就任に意気込むも、多様なメンバーとのコミュニケーションに苦しみ、失敗。その結果、鬱病で休職することに。かつての自分のような職場で孤独に戦う中間管理職を支援すべく、イノベーションを起業。

【お問い合わせ先】

担当：上武

TEL:××-××××-××××　FAX:××-××××-××××　E-mail:××××@××××××.co.jp

▼②販売実績報告型

新商品ではなく、すでに販売中の商品をアピールしたいときには、何を打ち出せばいいのでしょうか。

この場合、最も使いやすい方法が「販売実績報告型」です。商品ではなく、販売実績を新たに公表するという名目で、プレスリリースを打つのです。

販売実績報告型のプレスリリースは、発売から短期間で大きな販売実績を上げることができた商品では、特に強力な武器となります。急速に広がったという事実は、その商品が流行になる可能性を示しているからです。短期間で拡大したという実績をプレスリリースで打ち出すことは、「ニュースで取り上げるにふさわしい」と自ら証明するということなのです。

プレスリリースでは新商品発表と同様に、開発の背景や経緯、さらにはヒットの理由などをストーリーとして、盛り込んでいきます。

「新商品発表型」で例として取り上げた企業は、まだ創業したばかりです。近い将来に「販売実績報告型」でプレスリリースを出す場合、どのようなプレスリリースになるでしょうか。

例えば、次ページのような形が考えられます。導入社数が広がっていることに加え、導入企業の特徴を述べていきます。これは社会軸ストーリーの、いわば現状報告です。会社概要は、「新商品発表型」の際と変わらず、社長軸ストーリーとなっています。図に関しては、モノク

例：販売実績報告型

××××年×月×日

社内コミュニケーションをAIで支援する「モチベーションアップ」
販売開始1年で導入社数1,000社を突破

株式会社イノベーション（本社：東京都××区　代表取締役社長：阿覧慶）が、△年△月△日に販売開始した「モチベーションアップ」の導入社数が、販売開始から1年で1,000社を突破しました。「モチベーションアップ」は職場のメンバー間のコミュニケーションを支援するAIシステムです。

1,000社の内訳を見ると、2つの対照的な企業群で特に支持されたことがわかります。ひとつは創業30年を超える大企業、もうひとつは創業5年未満のベンチャー企業です（下図参照）。

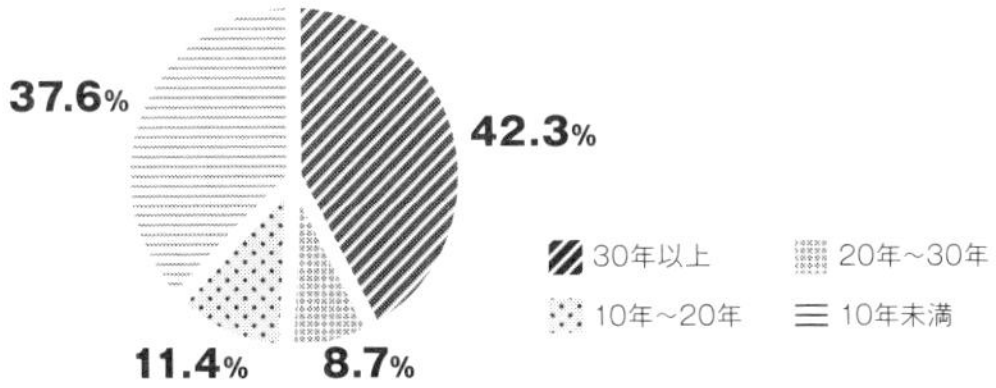

「モチベーションアップ」導入企業の創業年ごとの内訳

利用企業へのインタビューと蓄積されたデータから、利用実態についても調査を行いました。創業30年以上の大企業では、中間管理職がメンバーのライフスタイルの多様化に対応する必要性が強くなっていること、そして創業5年未満のベンチャー企業では早急な管理者育成の需要が高まっていることが浮き彫りとなっています。こうした状況に対し、「モチベーションアップ」は従業員のモチベーションを平均20%高めるなど、確実に成果を挙げています。

【会社概要】
株式会社イノベーション　東京都××区××××××××
代表取締役社長：阿覧慶
法明大学卒業後、ZEROKS入社。マネジャー就任に意気込むも、多様なメンバーとのコミュニケーションに苦しみ、失敗。その結果、鬱病で休職することに。かつての自分のような職場で孤独に戦う中間管理職を支援すべく、イノベーションを起業。

【お問い合わせ先】
担当：上武
TEL:××-××××-××××　FAX:××-××××-××××　E-mail:××××@××××××.co.jp

ロでコピーされても判別可能なものとします。

▼③イベント活用型

ニュース媒体が「必ず取り上げるイベント」というものがあります。大きなものでは、オリンピックやサッカーのワールドカップ、万国博覧会、改元などです。

そこまで大きくなくても、「毎年必ず取り上げる定例イベント」もあります。初詣や福袋などの正月の行事、成人式、バレンタインデー、入学式や卒業式、新卒学生の就職活動、ゴールデンウィークや夏休みの混雑、年末商戦などです。

こうした必ず取り上げられるイベントを活用するのが、このパターンです。

もちろん便乗するだけでは成功したとしても、1回出るだけにすぎません。イベント活用型で狙うべきは、2段階での露出です。

第1段階は言うまでもなく、イベントに合わせた出方です。「バレンタインデーに向けた新商品」「今年の夏休みのすごし方の傾向」といったニュースは、必ず取材対象となります。そこに合わせた商品を企画したり、催し物をプレスリリースで伝えます。必ず取材されるイベントに合わせるので、露出の可能性は通常よりも高まります。

第2段階として、ストーリーによる継続的な露出を狙うのです。具体的なやり方としては、プレスリリースの会社概要などにストーリーを掲載します。イベントに合わせた取材対象を探している記者やディレクターは当然、プレスリリースの会社概要にも目を通します。そこで興味を抱けば、イベントとは別の機会にその会社を取材しようと思います。記者やディレクターは常に取材対象を探しているものです。

次ページのプレスリリースの例は、私が支援した食品製造業W社のものをもとにしています。こちらも守秘義務の関係上、内容を改変しています。

W社では新元号の発表直後に「令和」をあしらったセット商品を発売するという内容のプレスリリースを打ちました。あらかじめ新元号の部分だけを空欄にして作成しておいたプレスリリースを、発表と同時に「令和」の文字を埋めて配信したのです。

このプレスリリースでは、会社概要にかなりの分量を割いています。プレスリリースの主題は「新元号をあしらった企画商品の発売」です。主題以上に会社概要に相当の分量を割いているので、プレスリリースのあり方としては邪道かもしれません。ですが、プレスリリースをつくる目的は「美しい文書をつくって悦に入ること」ではありません。あくまで、メディアでの露出を得ることです。第2段階の露出を獲得するためには、会社概要にまとまった量のストーリーを掲載することが不可欠なのです。

「プレスリリースは写真に頼らないほうが望ましい」と前述しました。ですが、このプレスリリースでは写真を1枚だけ入れています。特にテレビでは、どのような形で商品に新元号があしらわれているのかは重要な情報だからです。写真を用いるのは、写真がプレスリリースの

例：イベント活用型

××××年×月×日

新元号「令和」をあしらった和菓子を
発表直後から発売開始

株式会社黒沢堂（本社：××県××市　代表取締役社長：黒沢晃）は新元号「令和」を大きくあしらった和菓子を、店頭、およびネットにて販売開始します。

新元号発表直後から従業員総出で製造に取りかかります。そして、できあがったものから順次、店頭に並べていきます。新たな時代の幕開けにふさわしい、華やかな和菓子となっております。

商品写真

【株式会社黒沢堂】

創業110年目、地元の小豆を材料にした和菓子を製造し続ける。和菓子離れの波にさらされ、2000年代には売り上げは最盛期より2割少ない、2億円台と低迷。倒産の危機にさらされる。現社長の黒沢が経営の舵取りを担うようになるのと同時に、経営方針の見直しに着手。どん底の状態から生き残り策を模索するなかで、業界の常識を覆す「きずな経営」を打ち出す。その結果、経営危機を脱出。低迷する和菓子業界にあって、売り上げは3年で5億円まで急成長を遂げる。

具体的な取り組みとしては、和菓子業界では決して主流ではない通販やネット販売などの直販を重視することで、「お客様が和菓子に本当に求めること」を汲み取る体制を構築。全国から15,000人が訪れるまでに成長したお客様との交流イベント、毎月お客様にお届けする社長直筆の手紙、地元の大学生と共同開発した和菓子などを次々と打ち出した。

現在は海外進出にも積極的に取り組む。モンドセレクションなど、海外の主要なコンテストでも連続受賞。

代表取締役社長　黒沢晃
住所：××県××市××××××　HP：http://www.××××.co.jp

【お問い合わせ先】

担当：三船
TEL：×××-×××-××××　FAX：×××-×××-××××　E-mail：×××@××××.co.jp

本題に直結し、かつ写真がないと伝えきれない情報があるという場合です。

このプレスリリースによって、NHKなど4つのテレビ局、いくつもの全国紙や地方紙、業界紙などで取り上げられました。東京から離れた取材しにくい地域であるにもかかわらず、です。商品は通販を中心に、2万セットが完売。6000万円の売上となりました。

そして後日、会社概要に興味を持った大手マスコミの記者から、新元号とは全く関係のない特集企画の取材も入りました。丸々1面を使った、大きな特集記事の主役です。文字通り、2段階での露出に成功したのです。

5章

プレスリリースを取材につなげる技術

01 中小企業は身近なメディアから攻める

▼専門紙・専門誌、地方紙を狙う

いよいよマスコミ各社にプレスリリースを届ける段階です。

まず決めなくてはいけないのは、**どのマスコミに送るのか**ということです。テレビ東京などの経済番組、全国放送のニュース番組、日経新聞などの全国紙、「日経ビジネス」「週刊東洋経済」「プレジデント」といったビジネス誌が真っ先に候補に挙がるでしょう。

こうした本命のマスコミ以外にも、中小企業が決して忘れてはいけない送り先があります。それが**専門紙、専門誌、そして地元紙**です。

専門紙とは、特定の専門分野に絞ったニュースを掲載している新聞です。専門誌は専門紙同

主な専門紙・専門誌、地方紙

専門紙

日経産業新聞
日経ＭＪ
日経ヴェリタス
日刊工業新聞
フジサンケイビジネスアイ

地方紙

北海道新聞
河北新報
東京新聞
神奈川新聞
中日新聞
京都新聞
神戸新聞
西日本新聞
琉球新報
沖縄タイムス

専門誌

日経トップリーダー
企業家倶楽部
DIAMONDハーバード・ビジネス・レビュー
プレジデントファミリー
日経ＷＯＭＡＮ
日経コンピュータ
日経エレクトロニクス
月刊激流
月刊国際商業
月刊食堂
日経トレンディ

様に特定分野に特化している雑誌を指します。専門紙であれば日経産業新聞、日経ＭＪ、専門誌だと「月刊激流」などが代表的です。

地方紙とは文字通り、特定の地域を中心に読まれている新聞です。地元紙だけではなく、全国紙の地方面も対象となります。地方面とは、その地方ごとのニュースだけを扱っている紙面のことです。全国紙の本社ではなく、地方支局が担当しています。

自社が関連していそうな業界の専門紙・専門誌、そして地元の地方紙にも中小企業はプレスリリースを送らなくてはなりません。

なぜ本命以外のメディアにまでプレスリリースを送らなければならないのでしょうか。それはテレビのディレクターは専門紙・専門誌、地方紙で情報収集しているからです。

▼ディレクターは専門紙・専門誌、地方紙をチェックする

ディレクターが番組の企画を立てるときには、さまざまな情報収集をします。主な情報源は、３つあります。

①プレスリリース
②企業やＰＲ会社からの売り込み
③専門紙・専門誌、地方紙

ひとつずつ詳しく見ていきましょう。

①プレスリリース

プレスリリースについては、これまで説明してきた通りです。この3つの情報源のなかでは、プレスリリースが割合としては最も大きいものとなります。

プレスリリースに頼る割合は、番組によって若干異なります。その度合いは、番組の放送頻度と密接な関係があります。たとえば「ワールドビジネスサテライト」のように月曜から金曜まで放送している番組では、プレスリリースに頼る割合はかなり高くなります。「ガイアの夜明け」のような週1回の放送だと、低くなる傾向にあります。

毎日のように放送する番組は日々のニュースを漏らさず、チェックしておかなくてはなりません。緊急記者会見の開催や新商品の発売などを伝えるプレスリリースは見逃すことができない、最も重要な情報源となります。

「ガイアの夜明け」などの週1回の番組では、毎日放送する番組ほど日々の動きに神経質になる必要はありません。「ガイアの夜明け」のようなドキュメンタリー番組だと短くても3カ月、長いと1年はひとつの企業を取材することになります。プレスリリースは日々の出来事を漏らさず押さえるというよりも、一定期間追いかけるに値するストーリーがあるかどうかを確認する目的のほうが強くなります。

いずれの場合にしても、最も重要な情報源であることは間違いありません。

②企業やＰＲ会社からの売り込み

２章で述べた通り、この手段を有効に使えるのは「カリスマ経営者」を擁するような有名企業です。中小企業にとって、現実的な方法ではありません。

③専門紙・専門誌、地方紙

プレスリリースの次に多い情報源が、専門紙・専門誌、地方紙です。ディレクターはこうしたメディアを、よくチェックしています。専門紙・専門誌、地方紙を見る理由は極めてシンプルです。ストーリーを丁寧に取り上げていることが多いからです。

専門紙・専門誌、地方紙は特定の業界や地域に特化しているメディアです。その業界や地域に根強い人脈や情報網を持っています。それゆえ、その専門分野のストーリーを独自に掘り起こして、記事にしていることがよくあるのです。

ディレクターもできればすべての企画で、独自のストーリーの掘り起こしからやりたいと思っています。ですが、それは極めて難しいというのがテレビ業界の置かれた実情です。例えば、「ワールドビジネスサテライト」であれば、30人程度のディレクターで世の中の全業種をカバーし、日々の放送に対応しなくてはなりません。とても、掘り起こしからやっている余裕などないのです。

ディレクターの主な情報源

①プレスリリース

- 緊急会見の告知もプレスリリースで送られてくるので見逃せない
- 「ワールドビジネスサテライト」など放送頻度が高い番組ほど、プレスリリースに頼る度合は高くなる

②PR会社や企業からの売り込み

- 「カリスマ経営者」がいるような企業には有効な手段
- 中小企業にとっては現実的な方法ではない

③専門紙・専門誌、地方紙

- 専門分野に特化しているので、業界に眠るストーリーをいち早く掘り起こす
- 地方のテレビ局は情報源となっていない

これまでストーリーの成功例として、旭酒造やダイヤ精機、ウォンテッドリー、メガネ21を紹介しました。ソフトバンク・孫社長、楽天・三木谷社長、サイバーエージェント・藤田社長の創業期のマスコミの出方も見てきました。いずれの場合も、最初は専門紙に出て、次に全国紙や有名ビジネス誌が記事にし、最後にテレビが取り上げるという流れです。こうした徐々に知名度の高いメディアが取り上げていくという流れは、必然的に起きているのです。

ここで注意しなくてはならないのは、情報源は新聞や雑誌という活字メディアに限るということです。地方のテレビ局は、東京のテレビ局が参考にする対象に入っていません。

地方のテレビ局が情報源にならない理由は、2つあります。

ひとつは、そもそも地方のテレビ放送を東京では見ることができないからです。対照的に専門紙・専門誌や地方紙は、業務用のネットサービスで読むことができます。日本経済新聞社が提供する「日経テレコン」という有料の記事検索サービスがあります。このサイトを使えば、1000近い活字メディアの過去の記事を読むことができます。

基本料金だけで数万円、さらに検索するたびに料金がかかるので、個人や中小企業が気楽に使えるものではありません。主に大企業の広報や大手のマスコミで使われているサービスです。日経テレコンのような業務用の記事検索サービスで、地方局の映像は検索の対象となっていません。

もうひとつは、見るのに時間がかかるからです。少ないながらも、地方局の番組でネット配

中小企業は2正面作戦で挑む

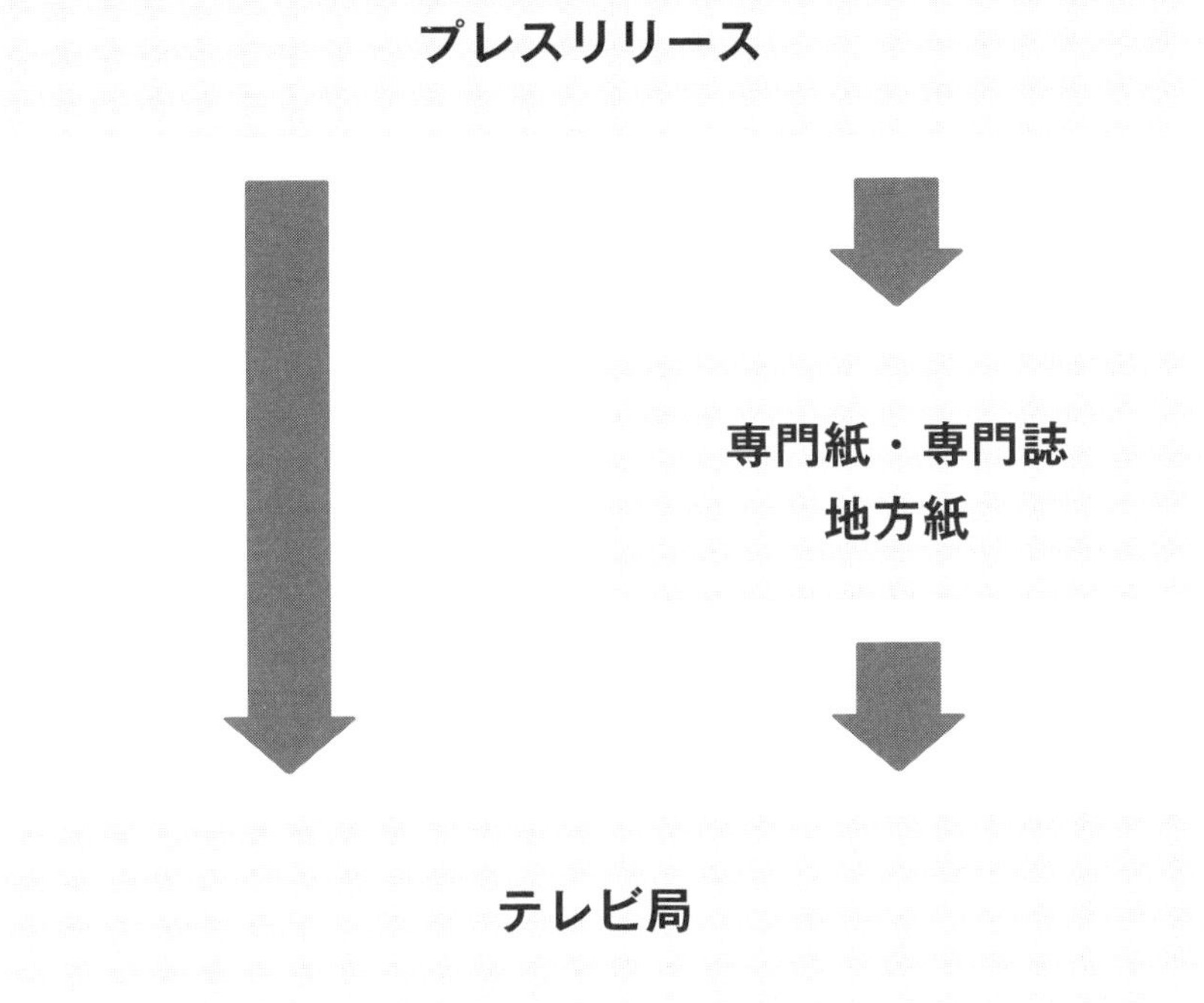

- 専門紙・専門誌、地方紙は
  ディレクターにとってストーリーの宝庫
- 本命のテレビ番組と合わせて
  専門紙・専門誌、地方紙にも送る

信しているものはあります。ですが10分の特集であれば、そのまま10分間見なくてはなりません。新聞や雑誌であれば、ひとつの記事を読むのに3分もあれば十分でしょう。映像は参考にする情報源としては、あまりに効率が悪いのです。

中小企業は本命のマスコミを狙うと同時に、専門紙・専門誌、地方紙もあわせて攻めてください。2正面作戦で、テレビ出演を狙うのです。

02 人脈ゼロでプレスリリースを届ける技術

▼記者会見のカメラがテレビ局の数より多い理由

大物芸能人の結婚や離婚、世の中を大きく揺るがした企業の記者会見。そのニュースで流れた映像を思い出してみてください。テレビカメラが10台以上は並んでいる光景を見たことがあるはずです。

ニュースを取材している全国放送の放送局はNHKと民放を合わせて、6局しかありません。なぜテレビカメラの数が、テレビ局の数より多いという事態が起こるのでしょうか。

その理由はテレビ局ごとではなく、番組ごとにカメラを出しているからです。記者会見の映像は、会場後方の定位置にカメラを据えて撮るのですから、どの映像も大して違いはありません。それにもかかわらず、ひとつのテレビ局が複数のカメラと撮影スタッフを駆り出すのです。

これは**番組ごとの独立性が極めて高い**という、テレビ局の文化によるものです。個々の番組は、あたかも独立した会社のように扱われています。制作費の範囲内であれば、番組ごとの判断で自由に動くことができます。

番組ごとの情報共有も、ほとんど行なわれていません。他の番組が何を企画しているのか、お互い詳しくは知らないのです。

媒体ごとの独立性が極めて高いというのはテレビに限らず、マスコミ全般に共通する文化です。雑誌や新聞も、似たようなものです。複数の雑誌を発行している出版社もテレビ局同様、雑誌ごとに記者やカメラマンを記者会見に出しています。

テレビ、新聞、雑誌など多くの記者が勢ぞろいする有名企業の記者会見に出席すると、一目瞭然です。質疑応答の際に、記者は自分が所属する媒体名を名乗ります。

「『日経新聞』です」

「『日経コンピュータ』です」

「『日経MJ』です」

「『日経ビジネス』ですが……」

質疑応答では「日経」を冠する媒体名を繰り返し聞くことになります。

「同じグループ企業なのだから、代表して1名が出れば経費削減になるのではないか」

一般的な感覚であれば、その通りです。ですが、媒体ごとの独立性が非効率と思えるほどに高いのには理由があります。

番組は最終的には多くのスタッフの共同作業によって完成するものです。ですが、企画の始まりはディレクター個人の「伝えたい」という想いです。上司から細かな指図を受けて言われるがままにつくるようなものでは、決してありません。ディレクターの想い、つまり現場からのボトムアップからでしか、番組企画は生まれないのです。

その認識はテレビ局全体で共有されています。現場が何の制約もなく活動しやすい環境を維持することが最優先なのです。それゆえ、あえて会社として全体を管理し、効率化を図るということを最小限にとどめているのです。

何事も番組ごとに取り組むというテレビ局の性質は、プレスリリースを送る際に強く念頭に置いておかなくてはなりません。

「テレビ東京の番組のどれかに送ったら、全部の番組で共有されているだろう」は通用しません。ここまで説明した通り、番組ごとに独立した組織になっています。プレスリリースを他の番組と共有するということは、まずありません。

つまり、プレスリリースは社ごとではなく、番組ごとに送らなければならないということです。これはテレビ局に限らず、出版社や新聞社でも同様です。番組ごと、新聞ごと、雑誌ごとにプレスリリースを送ってください。

▼「知り合ったディレクター」に送るリスク

「以前、あるパーティーでテレビのディレクターを紹介してもらい、名刺交換できました。そのディレクター宛てにプレスリリースを送ろうと思っています。知り合いということで、有利になりますでしょうか?」

コンサルティングやセミナーの際に、よく聞かれる質問です。

結論から言うと、少しは有利になる可能性もあります。ですが逆に不利になる危険も大いにあります。危険の大きさを考えると、そのディレクターの担当や現在抱えている仕事のスケジュールを把握していないのであれば、**特定の個人宛てに送ることはお勧めしません。**

番組に送られてくるFAXはプレスリリースだけではありません。不特定多数に送られているセールスの類や政治的な主張をしているビラ、番組への感想、さらには誤配信されたものなど、実にさまざまです。そうした多種多様なFAXをアルバイトの大学生などが仕分けします。仕分け担当のアルバイトは、プレスリリースを抜き出し、プレスリリースを入れておくための箱に無造作に入れていきます。番組担当のディレクターたちは日々、プレスリリースが入った箱を確認し、ひと通り目を通していきます。

特定のディレクター宛てに送られてきたFAXは、プレスリリースを入れる箱に仕分けされることはありません。宛先となっているディレクター個人の机の上に直接置かれます。

特定のディレクター宛てに送ることのメリットは、そのディレクターが確実に内容まで読むということです。宛先のディレクターが、ちょうど取材先を探しているタイミングだったとします。そうであれば、プレスリリースの内容に興味を持てば、そのまま取材することになるでしょう。しかし、当面の取材予定が埋まっているようだったら、どうなるでしょうか。

番組全体への貢献意欲の高いディレクターであれば、自分宛てのプレスリリースを番組宛てのプレスリリース箱へ回します。ですが、ディレクター全員が番組全体のことを考えているというわけではありません。

貢献意欲の低いディレクターであれば、自分が取材する可能性がないプレスリリースは即、ゴミ箱行きです。あるいは貢献意欲は高くても、日々の業務に追われ、番組宛てのプレスリリース箱へ回すのを忘れてしまうこともあります。

ディレクター宛てに送るもうひとつの危険は、「担当替え」です。担当する番組自体が変わるのはもちろんのこと、番組によっては番組内での担当が変わることもあります。

私が長年制作していた「ワールドビジネスサテライト」では、ひとりのディレクターがひと月の間にさまざまな業務をこなします。1週間以上かけてひとつのテーマを追うような特集企画、日々のニュースの取材、3分程度のコーナー企画などです。さまざまな担当業務を回すことで、新鮮な気持ちで業務に取り組めるように工夫をしているのです。番組のなかには毎月の業務の割り振りを決める、シフト担当の管理職までいるほどです。

普段担当している番組のなかだけでは収まらない業務が発生することもあります。年末などの特別番組の担当になれば日々の業務から3カ月は離れ、特別番組の制作に当たります。衆院選や参院選の特別番組の制作には、各番組からディレクターが駆り出されます。そうなると、やはり通常の番組制作から離れることになります。

ディレクターがテレビ局の正社員であれば、人事異動もあります。番組制作とは全く関係のない部門に異動することも珍しくありません。番組制作会社から出向で来ているディレクターであれば、3年もすれば所属会社に帰っていきます。

このように、宛先にしたディレクターが本当に適切な送付先なのか、実は怪しいことが多いのです。担当番組を離れているディレクター宛てに届いたプレスリリースは一応、本人に転送されます。ですが受け取った本人は、すでに特別番組の制作に追われています。番組のプレスリリース箱に回さず、そのまま自分の机の上に放置するということが頻繁に起こるのです。

プレスリリース送付前に、ディレクターに電話かメールで、業務の状況を聞けばいいと思われるかもしれませんが、よほど親しくないと、ディレクターもわざわざ自分の業務を正確に教えようとは思わないでしょう。相手の状況を完全に把握できない限り、特定のディレクター宛てにプレスリリースを送るのには、かなりの危険を伴うということなのです。

▼個人ではなく番組宛てに送るメリット

個人ではなく、番組宛てにプレスリリースを送ることには、２つのメリットがあります。最大のメリットは、**そのときに最も切羽詰まっているディレクターが必ず目を通す**ということです。

どのディレクターも、取材先探しに四苦八苦しています。締め切り間際になっても、企画自体が決まっていない者もたくさんいます。いつも余裕を持って取り組んでいるというほうが少数派なのです。

私も経験がありますが、締め切りが迫っているときにはプレスリリースを祈るような気持ちでチェックするものです。取材先探しに困っているので、少しでも番組企画にできそうなプレスリリースを見つけると、すぐに飛びつくことになります。

もうひとつのメリットは、**すべての番組ディレクターが目を通す**ということです。ディレクターによって、取材先の選択基準がそれほど異なるわけではありません。ですが、やはり個人差はあります。ディレクター個人の置かれた状況によっても、興味の対象は微妙に変化していきます。

私自身を例に説明します。20代の頃、目の前の仕事をこなすのが精一杯で、とても自分のあり方を考えるような余裕は全くありませんでした。自分が40代、50代になった姿など、想像の範囲外でした。それが30歳になり、周囲からなんとか一人前に見られるようになると、組織との関わり方に強い関心を抱くようになっていました。自分の会社だけではなく、さまざまな働き方の可能性を見てみたいと思ったのです。

そのようなことを考えていたときには、ベンチャー企業、個人事業主、人事コンサルタントなどを取材し、働き方に関する特集をいくつも制作しました。マンションの購入を検討していた時期には、「値下がりしにくいマンションの条件」といった特集を集中的につくりました。プライベートと仕事が分かちがたい関係にあるものなのです。

多くのディレクターの目に止まるということは、それだけ誰かの興味のアンテナに引っかかる可能性が高まるということです。例えば、仕事と子育ての両立に関するプレスリリースなら、まだ家庭を持っていない若いディレクターは興味を持たないかもしれません。ですが、自分自身が仕事と子育ての両立に試行錯誤している最中のディレクターであれば、プレスリリースの内容が拙いものであったとしても、敏感に反応するかもしれません。

「番組宛て」と「特定のディレクター宛て」では、どちらが番組出演の確率が高いでしょうか。「特定のディレクター宛て」にすることで、失うチャンスも数多く存在します。宛先のディレクターと深い関係にない限り、個人宛てのプレスリリースは決してお勧めしません。

▼プレスリリースはFAXで送るべし

プレスリリースの送付方法としては郵送、FAX、メールといくつかの方法があります。どの方法で送れば、中小企業は出演確率を上げることができるのでしょうか。

現在、ビジネス文書のやりとりのほとんどがインターネット経由です。私自身、仕事での事務的な用件はすべてインターネットです。FAXどころか電話すら使いません。それでもプレスリリースはFAXで送るべきものなのです。

その理由は簡単です。**ディレクターがプレスリリースを確認する手段として、いまだにFAXが主流**だからです。

「今どきFAXなんて、かなりの時代遅れではないか」

そう思われる方が大多数でしょう。ですがテレビ局の事情としては、FAXのほうが効率的なのです。

「ワールドビジネスサテライト」のような番組だと、1日に500通近いプレスリリースが送られてきます。500通ものプレスリリースに短時間で目を通さなくてはなりません。そのためにはパソコンの画面よりも、紙のほうがはるかに速いのです。

メールだと、1通ごとにメールのタイトルを確認し、気になったタイトルのメールだけを開き、読み終わったら閉じて、また次のメールのタイトルを確認するという作業を繰り返さなく

プレスリリース送付時のチェックポイント

□ 会社ごとではなく、媒体ごとに送る

- １社に何通も同じプレスリリースを送ることも
- 媒体ごとに送り先が異なるのが通常

□ 宛先は個人名より番組名のほうが安全

- 番組宛てにすれば、担当替えの危険を回避できる
- ディレクター個人宛てにするのは番組内の事情にかなり詳しい場合のみ

□ メールよりもＦＡＸ

- ほとんど使われることがなくなった FAX だが、プレスリリース送付の手段としては今でも主流
- FAX で送ってもらったほうが、読む側としては楽

てはなりません。メールを印刷するのも手間がかかります。FAXであれば、紙をめくれば終わりです。確認する立場からすると、比較にならないほど楽なのです。

ディレクターのなかには、FAXのプレスリリースはチェックするけれど、メールは面倒なので、取材先探しに困っているときしか見ないという者もいます。出演確率を最大化するためには、FAXのほうがはるかに得なのです。

▼配信代行業者のメリット・デメリット

プレスリリースを、さまざまなメディアにまとめて送ってくれる配信代行業者がいくつかあります。「PR TIMES」「@press」「共同通信PRワイヤー」といったサービスが代表的です。

いずれもサービス内容に大差はありません。数万円払えば、1万近い媒体に配信されるというものです。

「無名の中小企業がプレスリリースを送るより、大手の配信代行業者を使ったほうが信頼度で有利になりませんか」

このような質問を受けることがあります。結論から言うと、有利に働くということは特にありません。中小企業が自力で送ったから不利ということもありません。

ディレクターが見ているのは、放送できる素材になりうるかどうか、その一点だけです。プレスリリースが手元に届くまでの過程が影響することはありません。荷物が宅配便で届こうが、郵便で届こうが、受け取る側は気にしないのと同じです。

配信代行業者を使う最大のメリットは、手間が省けることです。

もうひとつのメリットは、**いくつかのネットニュースでプレスリリースがそのまま転載される**ということです。社名で検索したときに、プレスリリースの情報が上位に登場しやすくなります。

そして3つ目のメリットは、**かなり広範にプレスリリースが配布される**ということです。どの配信代行業者も、「1万を超える媒体に配信する」と打ち出しています。1万のなかには、個人のブログやフリーライター、駅などで配られているフリーペーパーまで含まれます。ここまで広い範囲にプレスリリースを配信するのは、代行業者を使わなければ現実的には不可能でしょう。

ただし、広すぎる配信対象がメリットにならない企業も数多くあります。テレビに出ることだけを目的とするなら、そこまで広範にプレスリリースを送る必要はありません。テレビ番組、さらに専門紙・誌、地方紙など番組制作者の情報源にだけ送るというのであれば、100もあれば十分すぎるほどです。

テレビ以外のメディアを狙う場合でも、配信対象が広くても何の役にも立たないこともあります。九州の飲食店のプレスリリースが北海道の地方紙に届いても、記者が関心を持つはずがありません。工作機械など特定の業界のプロしか関心を持たない商品のプレスリリースが、個人で食べ歩きのブログを運営している人に送られるような場合も同様です。

もし配信代行業者を使うのであれば、自分がプレスリリースを配信する目的、そして配信代行業者の特性を十分踏まえた上で、活用してください。繰り返しますが、テレビ出演を狙うという観点から特段有利になるということはありません。

▼タダでマスコミに送る、簡単すぎる方法

配信代行業者に頼らなくても、タダでプレスリリースを送る方法があります。テレビ局に勤める知り合いも不要です。それは**テレビ局に直接送付先を確認してから送る**という、極めてシンプルな方法です。

まず狙いたい番組のサイトを見ます。番組によっては「プレスリリースの送り先」を掲載していることがあります。

番組サイトに送付先が出ていない場合は、新聞のテレビ欄を確認してください。テレビ欄の最上部を見ると、番組表の列ごとにテレビ局の代表電話の番号が書いてあります。その代表番号に電話をするのです。

「番組にプレスリリースを送りたいのですが、送り先を教えてください」

こう言うだけで、教えてくれます。

無料でプレスリリースを送る方法

狙う媒体のサイトを見る

↓

「プレスリリースの送付先」が出ていれば、送る

↓

（なければ）新聞のテレビ欄を確認

↓

代表番号にかけ、送付先を聞く

・電話に出たスタッフに、売り込みをしない
・他の番組の連絡先まで、まとめて聞こうとしない

テレビ局にはさまざまな問い合わせが入ります。プレスリリース送付先の問い合わせは日常茶飯事です。どの番組でも、慣れた調子で教えてくれるはずです。

代表電話から転送された後、番組の担当者に送付先を聞くことになります。その際に注意してほしいことが2つあります。

ひとつは、**他の番組の連絡先もついでに聞かない**ということです。番組のスタッフルームには、通常プレスリリースの送付先をすぐに答えられるように、壁に送付先の番号などを一覧にした紙を貼っています。ですから、代表電話から転送されてきても、すぐに答えることができるのです。ところが、他の番組の連絡先までは壁に貼り出してはいません。前述の通り、同じテレビ局でも番組が違えば、お互いの情報を知りません。他の番組のプレスリリースの送付先を聞かれても、わからないのです。

もうひとつは、**電話に出た相手に売り込みをかけない**ということです。代表電話からの転送に出るのは、基本的にはアルバイトかアシスタントディレクターです。売り込んだところで、そもそも取材先の決定権がありません。

アルバイトではなさそうな人物が電話に出たとしても、売り込みは避けてください。本来電話に出るべきアルバイトやアシスタントディレクターが全員出払っているときには、プロデューサーやディレクターが電話に出ることもあります。

プロデューサーやディレクターはかなり多忙です。本来、自分が出なくてもいい電話で一方的な売り込みを聞かされるのは、迷惑以外の何物でもありません。

いくら電話で売り込みをかけたとしても聞き流されて、「プレスリリースをお送りいただければ、拝見します」などと話を打ち切られるのが関の山です。連絡先を聞いたら、早々に切り上げてください。

03 テレビ取材を確実に得る、詰めの一手

▼狙い目の時期と避けるべき時期

プレスリリースは、いつ出すべきなのでしょうか。新商品の発売、開店、イベントの開催といった日程がはっきりと決まっている案件であれば、テレビの場合、3週間ほど前に送れば十分です。新卒の就職活動、バレンタインデー、ハロウィン、クリスマスといった特定のトピックスに密接に関連するものも、同様です。あまり早くプレスリリースを送っても、番組のほうがそこまで先の放送内容を検討していません。

一方で、発表時期を柔軟に変えられるプレスリリース案件も存在します。利用者アンケート、新たな社内制度の導入、社内イベントの実施などです。こうした案件の場合、いつ送るべきな

のでしょうか。

避けたほうがいい時期は12月です。12月は「その年を振り返る」という企画が目白押しとなる時期です。年末商戦をめがけて、大企業が社運を賭けるような新商品を投入する時期でもあります。加えて、通常の放送は大晦日の4、5日前には終わります。放送枠が少ない上に、競争相手が多い時期。それが12月なのです。

1月の上・中旬も避けたほうが賢明です。1月は「その年の行方を占う」という趣旨の企画が多くなります。さらに、1月第1週はニュース番組の放送がほとんどありません。12月同様に放送枠が少ない時期にあたります。

逆に、狙い目の時期というのもあります。

例えば**ゴールデンウィーク**です。この時期に開催するイベントなどは、放送される可能性が高くなります。ゴールデンウィークは、経済はもちろんのこと、政治も動きが止まります。あるのは交通渋滞と行楽地の動き、そして犯罪関連のニュースくらいです。ゴールデンウィークの出来事だけでは、放送枠を埋めることができません。

そのために番組としては、ゴールデンウィークの前に何らかのシリーズ企画などを複数準備しておくことになります。ゴールデンウィークの1カ月ほど前に、ゴールデンウィークの案件をプレスリリースで発表すれば、通常の時期よりも取り上げられる可能性は高まります。

夏休みの最中である8月も、ゴールデンウィークと同じ理由で狙い目です。8月は大企業の動きが少ない時期でもあります。大型新商品の発表などは、ほとんどありません。

何を伝えるかも大切ですが、いつ伝えるかも重要な要素です。プレスリリースをいつ出すか。狙いすましたタイミングで、送ってみてください。

▼中小企業はスピードが命

中小企業のテレビ対応は、とにかくスピードが大切です。**事前取材の電話がかかってきたら、すぐに責任ある受け答えができる人物が対応**してください。

中小企業が大企業と比較にならないほど、スピードを重視しなくてはいけないのには理由があります。それはディレクターには「**困ったときの中小企業頼み**」という習性があるからです。

「困ったとき」とは、例えばなかなか企画を決められなかったような場合です。放送まで残された時間はわずかです。「明日から社長のインタビューと、社外秘の開発部門と店舗の撮影をさせてください」などというのは、歴史のある大企業では対応できません。広報担当者が社内調整に動くための時間が足りないのです。

ディレクターもそうした事情は当然わかっていますので、日程に余裕がない場合は最初から大企業に取材依頼をしません。

「有名企業との取材交渉がまとまらない」ということもあります。注目企業の経営者や開発プロジェクトの独占密着取材を、ディレクターの側から仕掛けるような場合です。独占密着取材の依頼を受けた企業は、撮影の可否を判断しなくてはなりません。企業側としては技術開発の最前線、企業買収でのトップ同士の交渉現場の撮影などには、神経質にならざるをえません。そうした場面には、できるだけテレビカメラを入れさせたくはありません。

最小限の負担で放送させたい企業側と、機微に触れるものを撮影したいディレクターの間でせめぎ合いが生まれます。その結果、撮影許可をめぐる交渉がまとまらないということは、珍しくありません。中途半端な内容になるくらいであれば、企画そのものを見送ります。それがディレクターの、つくり手としてのプライドです。そうして放送直前に、枠が空くことになります。こうしたときに中小企業に取材を依頼することがあるのです。

中小企業であれば、大企業のような社内調整は不要です。社長がいいと言えば、すべて決まりです。放送までの時間が残されてないときに、ディレクターにとって中小企業はとてもありがたい存在なのです。

ディレクターが中小企業に取材依頼をする場合は、急を要していることが少なくありません。
「社長が出張に出ていますので、お返事は来週にさせてもらえますか」

事前取材の際に中小企業がこのような対応をしたら、ディレクターはどうするでしょうか。放送日までの時間が切迫している状況では、次の取材候補に依頼をするしかありません。
「テレビの制作者というのは慌ただしいもの」と割り切って対応することが、テレビ出演の近道なのです。

▼取材を受ける条件として、放送前の内容確認を求めない

「取材が終わった後で、放送内容を確認させてください」

これは報道番組のディレクターに対して、最も言ってはいけない台詞です。

「以前、取材を受けた情報誌は原稿を事前に見せてくれました。なぜ無理なのですか」

他のメディアでの取材を引き合いにして、このように要求されたことが何度もありました。ですが、どのような言い方で要望したとしても、**報道番組が事前確認に応じることは絶対にありません。**

報道番組には「中立な立場で世の中の出来事を伝える」という前提があります。実際の放送が中立かどうか、さまざまな見方があります。その議論にはここでは立ち入りません。

中立とは「放送内容への社外からの介入を認めない」ということでもあります。事前確認に応じないというのは報道を名乗るメディアが守らなくてはならない原則なのです。ですから、テレビに限らず、新聞でも週刊誌でも報道メディアが事前確認を受け入れることはありません。

「思い通りの内容を放送させたいなら、テレビショッピングの枠を買ってくださいよ」

事前確認を強く求められたとき、ディレクターは口には出しませんが、こんなことを思っているものです。外部からの介入を認めないという原則以外にも、企業からの事前確認の要請に応じない理由があります。ディレクターの性分として、自分がつくった番組への干渉を受けたくないからです。取材先どころか、直属の上司や先輩の指摘すら嫌がる者も少なくありません。報道としての前提、そして制作者としての感情。いずれの面からも、ディレクターが取材先の事前確認を受け入れることはありません。取材を受ける条件として事前確認を課されれば、他の取材先を当たるだけです。

「事前確認しないと、真実と異なる内容を放送されるかもしれない」

このように思う方もいるかもしれません。真実というのは、見る人の数だけ存在します。放送されるのは取材される側の真実ではなく、放送する側から見た真実です。放送の主体はあくまでテレビ局にあるからです。どうしても異議を唱えたいのであれば、事前確認ではなく、放送後に法的措置をとるしかありません。

取材を受けるということは、ディレクターに放送内容を白紙委任するに等しいのです。取材の打診が来たときには、おとなしく「まな板の鯉」に徹するしかありません。だからこそ、**自社が伝えたいメッセージを社会に広めるためには、取材前のストーリー構築を万全のものとすべき**なのです。

6章

マスコミを攻略し、出演効果を最大化するネット活用術

01 自社サイトで追い打ちをかける

▼プレスリリースは予告編、自社サイトは本編

ディレクターはプレスリリースを見て興味を持った中小企業のサイトを、確実に確認します。なぜなら、その会社のことを何も知らないからです。わかっていることと言えば、目の前のプレスリリースに書いてあることだけです。あまりにも情報が不足している状態です。

プレスリリースで発表できるのは、新たに取り組む内容が中心となります。プレスリリースで伝えられるのはストーリーの抜粋にすぎません。ストーリーの現在の姿を切り取った、1枚の写真のようなものです。

プレスリリースで、まずディレクターの関心を得る。そして自社サイトを確認した記者に、

自社サイトを通してストーリーを十分に伝える。この流れを生み出すことが必要なのです。映画に例えると、**プレスリリースは予告編、サイトに掲載しているストーリーが本編**です。

企業のサイトを訪れたディレクターは、その会社にすでにかなりの関心を持っている状態です。ですから、自社サイトに分量のあるストーリーが掲載してあったとしても、すべて読みきるほどの心の準備ができています。自社サイトに掲載する情報の分量に制約はありません。自社のストーリーを存分に記してください。

▼会社情報こそ勝負の場

企業のサイトには、さまざまな情報が掲載されています。ほとんどの場合、トップページには看板商品の紹介が全面的に出ています。そのほか経営理念、企業沿革、経営者の経歴などを紹介する企業情報のページ、採用情報、経営者のブログなどがあります。

プレスリリースで興味を持った会社のサイトを見に行くとき、ディレクターが最も注意深く読むのが「**会社情報**」のページです。「社長の経歴」「社長のメッセージ」「経営理念」「企業としての取り組み」「企業の沿革」など、会社情報はストーリーが最も現れやすい箇所だからです。

それにもかかわらず、会社情報のページに代表者の名前、資本金、売上高、従業員数、所在地、取引銀行、年表といった表面的な事柄だけしか掲載していない会社があまりにも多すぎます。個人に例えるなら、身長、生年月日、血液型、出身校などを列挙するだけの自己紹介のようなものです。これでは全く興味をそそられるものではありません。最も企業の魅力を伝えられる箇所であるにもかかわらず、ほとんどの企業が活かしきれていないのです。

本来であれば、中小企業ほど会社情報のページを活用すべきです。ディレクターは今さら有名企業のサイトを訪れて、創業者の経歴などを確認しようとはしません。しかし現実にはこうした有名企業ほど、自社サイトでの情報発信に力を入れています。

では、ストーリーを会社情報のなかでどのように見せていけばいいのでしょうか。社会軸、社長軸、組織軸のそれぞれの掲載方法を見ていきます。

①社会軸ストーリーの見せ方

社会軸のストーリーは、会社情報のどの項目にも入れ込むことができます。「経営理念」の項目であれば、理念が生まれた経緯をストーリーとして盛り込むことができます。「社長紹介」でも同様に、ストーリーを違和感なく盛り込むことができます。

社会軸のストーリーを掲載できるのは、「会社情報」に限りません。ストーリーが商品開発に関わるものであれば、商品紹介のページにも掲載することができます。

社会軸ストーリーの卓越した例として挙げてきた、日本酒「獺祭」の旭酒造はストーリーをわかりやすく自社サイトに掲載しています。一般的な企業情報とは別に、「旭酒造が目指す蔵元像」と題したページを設け、旧来の酒蔵とは違う世界を目指していることを、力強く訴えかけています。商品紹介のページでは簡単な商品紹介にとどまらず、製法へのこだわりを丁寧に伝えています。

②社長軸ストーリーの見せ方

社長軸のストーリーは会社情報のなかで「社長の紹介」として、そのまま記すことができます。自社サイトに限らず、社長のブログも活かすことができます。社長のブログは、読者の目には社長軸ストーリーの実況中継のように映ります。

③組織軸ストーリーの見せ方

組織軸のストーリーであれば、会社の取り組みとして記載することができます。人材採用ページとの相性も抜群です。

ほとんどの中小企業の自社サイトは、商品紹介にはそれなりに力を入れています。ですが、会社情報はあまりにあっさりしすぎています。会社情報のいたるところに、ストーリーの要素を散りばめてみてください。

▼中小企業は社長紹介を必ず掲載する

私が中小企業のサイトを見ていてもったいないと思うのは、多くの中小企業が「**社長の紹介**」をほとんど何も掲載していないということです。

ディレクターにとって「中小企業の取材とは社長の取材である」と言っても、過言ではありません。社長の人物像は、ストーリーの存在に次いで、ディレクターとしては気になるポイントです。

「ガイアの夜明け」のような長編の報道番組では構成上、必ず主人公を立てます。中小企業の特集で、社長以外の人物を主人公として立てることは、まずありません。社長軸のストーリーであれば、社長がそのまま主役となります。

社会軸であっても、やはり主役は社長です。社長の具体的な動きを通して、社会を変えようとする企業全体の姿を伝えることになるからです。

社長が主役にならない場合があるとすると、組織軸のストーリーくらいです。「若い従業員のやる気を引き出す企業」というストーリーであれば、主役は若い従業員になるかもしれません。とはいえ、主役扱いではなくても、社長のことは必ず取材します。

大企業の取材であれば、ディレクターは社長の人物像をそれほど気にすることはありません。

社長紹介ページの例（著者のサイト）

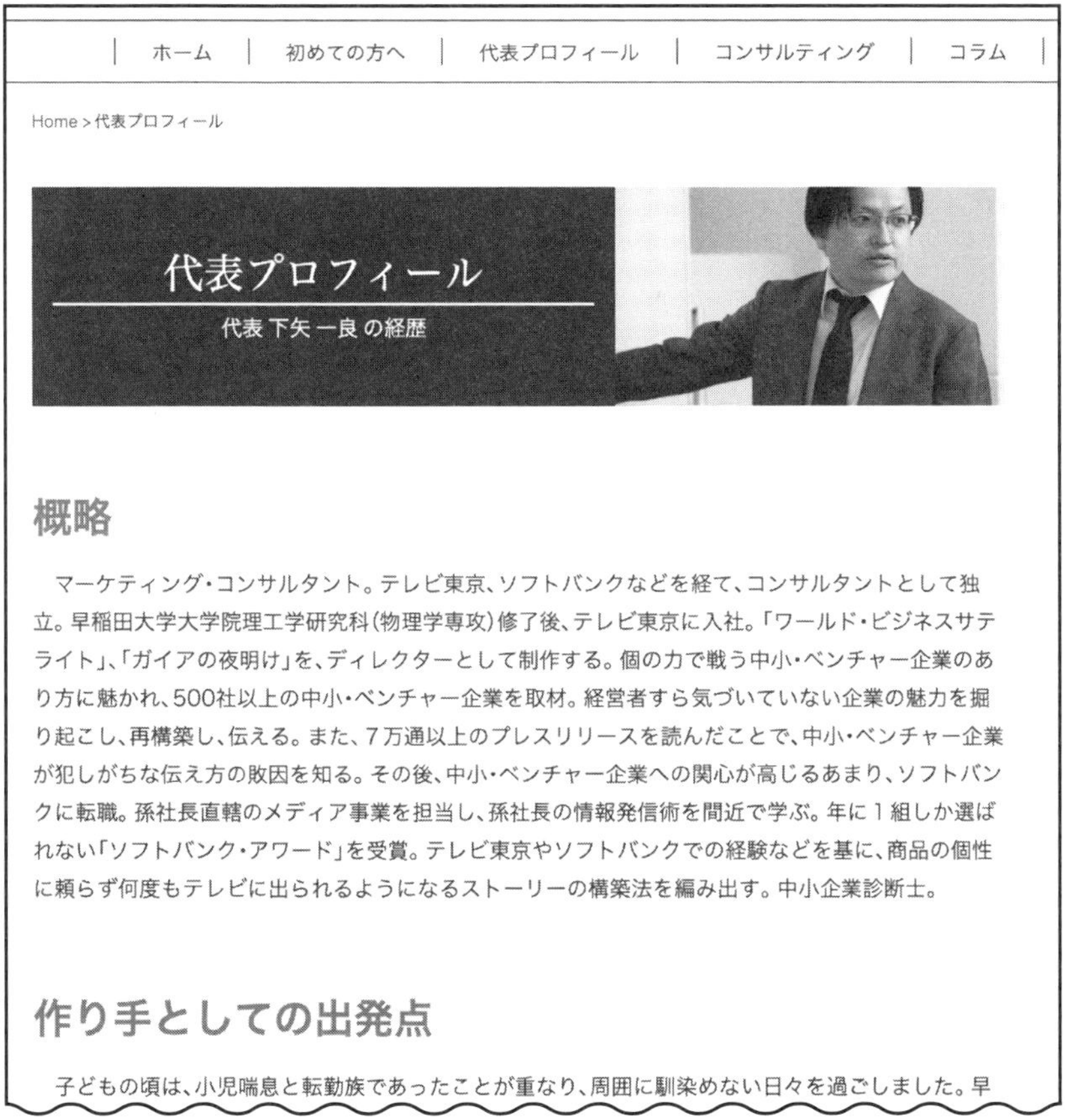
ホーム | 初めての方へ | 代表プロフィール | コンサルティング | コラム

Home > 代表プロフィール

代表プロフィール

代表 下矢 一良 の経歴

概略

マーケティング・コンサルタント。テレビ東京、ソフトバンクなどを経て、コンサルタントとして独立。早稲田大学大学院理工学研究科（物理学専攻）修了後、テレビ東京に入社。「ワールド・ビジネスサテライト」、「ガイアの夜明け」を、ディレクターとして制作する。個の力で戦う中小・ベンチャー企業のあり方に魅かれ、500社以上の中小・ベンチャー企業を取材。経営者すら気づいていない企業の魅力を掘り起こし、再構築し、伝える。また、7万通以上のプレスリリースを読んだことで、中小・ベンチャー企業が犯しがちな伝え方の敗因を知る。その後、中小・ベンチャー企業への関心が高じるあまり、ソフトバンクに転職。孫社長直轄のメディア事業を担当し、孫社長の情報発信術を間近で学ぶ。年に1組しか選ばれない「ソフトバンク・アワード」を受賞。テレビ東京やソフトバンクでの経験などを基に、商品の個性に頼らず何度もテレビに出られるようになるストーリーの構築法を編み出す。中小企業診断士。

作り手としての出発点

子どもの頃は、小児喘息と転勤族であったことが重なり、周囲に馴染めない日々を過ごしました。早

合同会社ストーリーマネジメント
http://storymanagement.co.jp/

「社長＝ストーリーの主人公」の
プロフィールを丁寧に記載することで、
ディレクターの関心を引き寄せる

番組構成上、中小企業ほど社長を全面的に主役として押し出すことはないからです。大企業で社長が全面に出るのは「カリスマ経営者」の特集くらいです。大企業の特集では、社長よりも課長のような現場責任者が主役になることが多いほどです。

テレビカメラが撮影する対象とは、現場の具体的な取り組みです。現場の動きを通して、その企業のストーリーを伝えていくのです。現場の動きが中心ですから、大企業の特集では社長が主役になりにくいのです。

経営方針の策定、重要顧客への営業、新サービスの開発、そして人材採用など、中小企業では、経営のあらゆる場面で社長が主役です。それは広報という経営課題でも同様なのです。

参考として、私の会社のサイトを前ページに挙げました。こちらはマスコミからの取材を得るためにつくっているわけではありませんが、私の経歴を重点的に紹介しています。サイトの訪問者は、私の実績を最も知りたいはずだからです。

▼ストーリーを伝える写真の使い方

会社情報などにストーリーを盛り込む際には、ぜひ写真を多用してください。写真は時間の経過が伝わるものが理想的です。

例えば創業当初の社屋、創業者の姿、社長の若い頃、看板商品を生み出した開発陣といった写真です。

会社情報で写真を多く使うのは、文字だけのページよりも見やすくなるという理由だけではありません。テレビのディレクターは、番組をつくるときに写真がいくつもあると助かるからです。ストーリーを伝える写真を持っているということを、取材先を検討しているディレクターに示すのです。

番組でストーリーを伝える際には、社長のインタビュー映像を放送することになります。テレビのディレクターが共通して持つ、インタビュー映像の経験則があります。それは、**視聴者は、インタビュー映像を30秒以上見たくない**というものです。30秒を超えると、視聴者はチャンネルを変えたくなるのです。

そうした視聴者の離脱を防ぐために、インタビューの合間に写真を挟みます。写真があることで、インタビューを長めに使いやすくなるのです。

過去を映像で伝えるときにも、ディレクターにとって写真は最も使いやすい道具となります。創業の経緯など、すでに起きたことを映像で伝える際には当時の写真を使うと、それだけで印象を強めることができます。

取材先選びで会社情報をのぞいた際に写真をいくつか見かけると、ディレクターとしては安心できます。実際に番組で取材した際に、写真を借りることができるという目算が立つからです。写真があるようであれば、積極的に盛り込んでみてください。

▼繁盛している雰囲気を見せる

行列が絶えない人気の飲食店と、薄暗く閑散とした雰囲気を漂わせている飲食店。目の前にふたつの店があったとして、どちらに入りたいと思うでしょうか？

普通は、繁盛している店に入ります。「大勢が並んでいるということは、おいしいに違いない」と実際に自分の舌で味わったことがないにもかかわらず、そう判断します。いわゆる「行列が行列を呼ぶ」と言われる構造です。外面から実態を推測して行動を決めるのが、人間の習性です。

「当社の商品は順調に売上を増やしています」

「利用者からも大きな反響があります」

プレスリリースなどでいくら好調さをアピールしたとしても、実際に自社サイトを訪れて「繁盛している雰囲気」がなければ、ディレクターは疑念を抱いてしまいます。

ブログやSNSをブームに乗って始めたものの、何年も更新されていない。商品情報は何年か前から、全く変わっていない。そんな例が少なくありません。

上場企業でもない限り、客観的な基準で経営状態が公開されることはありません。実際に取材に訪れるまで、「好調」が本当なのかどうか、ディレクターは確かめようがないのです。サイトなど外から見てわかる情報で判断するしかありません。

「流行のデザインを取り入れ、最新技術を駆使したサイトでなければならない」と言っているわけではありません。**定期的に更新し、直近の会社の状態を正しく反映している状態であればいい**のです。間違っても、寂れている雰囲気を漂わせてはならないということなのです。

02 取材を逃す、SNSの落とし穴

▼私利私欲をむき出しにしない

「今回取材していただけることになって、株価が上がると社長も大変喜んでいました」

上場して間もない、あるベンチャー企業を取材したときのことです。社長を待つ間、秘書から立ち話でこう言われました。この言葉を聞いた瞬間、ディレクターだった私は思いました。

「この会社を再び、取材するのはやめよう」

株価が上がるということは、企業の価値が高まるということです。企業買収や資金調達がしやすくなるなど、経営にさまざまな好影響があります。自社の株価を上げたいと願うのは、経営者として至極当然のことです。

しかし、この経営者は創業者であり、大株主でした。株価の上昇は個人資産の増加に直結します。私がいい印象を持たなかったのは、経営者が番組を個人的な利益のために利用しようとしているように感じたからでした。

「商品の知名度が上がる」
「売上が増える」
「ブランド力が高まる」

どのような言い方をしたとしても、企業に与える影響としては最終的にはそれほど差はありません。要は放送されることで業績がよくなり、株価にも好影響があるということです。ですが、「株価が上がる」とあからさまに言ってしまうと、経営者が個人的な金銭欲を満たそうとしているという印象が強くなってしまいます。

ディレクターなど報道番組の制作者は、自分たちのつくる番組の影響力をよく理解しています。番組をつくることで、少しでも世の中をよくすることに貢献したいと思っています。私自身もそうでしたし、現在報道番組を制作しているスタッフも間違いなく、そう願っています。「青臭い」と思われるかもしれませんが、これは報道番組をつくる人々が共通して抱いている感情です。だからこそ、社会全体をよくする方向ではなく、誰か特定の個人の私利私欲のためだけに利用されることを極端に嫌うのです。

ベンチャー企業の経営者であれば、「いずれ事業を売却したい」という台詞も禁句のひとつです。自分の力だけでは成長に限界が見えたとき、あるいは新たな事業に挑む資金を得るために事業を売却するのは、合理的な選択です。ですが起業の目的として、共感を得られるものではありません。金持ちになることが起業の目的と受け取られかねません。報道番組のつくり手たちは、起業家個人の一攫千金を応援したいなどとは決して思いません。

昔話「桃太郎」は村人の財産を奪っている鬼を桃太郎が退治し、村に平和を取り戻すというストーリーです。もし鬼から財宝を奪って桃太郎自身が金持ちになることが戦いの目的なら、支持されるストーリーとして成り立ちません。主人公は自分のために戦うことはありません。常に自分以外の誰かのために戦うものです。

ディレクターは企業のサイトだけではなく、経営者のSNSも確認します。自社サイトにいくらかっこいいストーリーを描いたとしても、SNSで私利私欲を露わにしたら、すべては台無しです。

▼自慢話で挑戦者の立ち位置を失わない

SNSを見ていると、自慢話をしている経営者を見かけることがあります。

「愛車は数千万の超高級車」
「飛行機のファーストクラスで移動中」
「ブラックカードで買い物をした」

自慢話をすべきではない最大の理由は、挑戦者のポジションを失ってしまうからです。すでに巨万の富を得て、当の本人が満足しているようであれば、もはや挑戦者とは見なされません。挑戦者ではなく、成功者という位置づけになってしまいます。

社会軸であれ、社長軸であれ、組織軸であれ、ストーリーの主人公は常に挑戦者です。視聴者も番組の制作者も、主人公が成功した姿に憧れるのではなく、挑戦し続ける姿に共感するのです。

もうひとつの理由は、報道番組は「バブル紳士」の片棒をかつぐことを極端に嫌う性質があるということです。不動産、証券、ＩＴなどの分野で、バブルと呼ばれる経済現象が周期的に起きています。バブルですから、泡のように実態を伴わずに膨らみ、最後には弾け飛んでしまいます。

浮かれたように見える経営者の生活ぶりは、かつてのバブルを思い起こさせます。弾けた後で、バブルの渦中にあった企業を応援するような番組をつくったディレクターは、社内外から「見る目がない取材者」というレッテルを貼られかねません。そのため、どこか浮かれた雰囲気を漂わせる企業の取材は避ける傾向にあるのです。

「社会的地位が高いのに、質素な生活をしている」というのは、マスコミが好む経営者像の典型です。伊藤忠商事の社長を務めた丹羽宇一郎氏は、社長に就任しても電車通勤を続けました。「電車通勤する巨大商社の経営者」を、多くのマスコミが好意的に取り上げました。

言うまでもなく、質素な生活をしているからといって名経営者であるとは限りません。自分の報酬を何に使おうが、自由です。ですが、「ぜいたくな生活をしていない経営者は素晴らしい」という固定観念が根強いのもまた事実です。

世の中のほとんどの人々が、経営者に「使われる立場」で働いています。経営者が自分よりはるかに豊かな生活をしている姿を、目の当たりにしてうれしいはずがありません。

ソフトバンクの孫社長、楽天の三木谷社長、サイバーエージェントの藤田社長など、マスコミを味方にし続けている経営者は、決して豪邸披露などの成功者自慢をすることはありません。自分自身で発信することもなければ、そうした番組の取材を受けることもありません。

自尊心を満たすために、わざわざ損になる話を自ら広める必要はありません。伝えるべきことは、他にたくさんあります。

▼ストーリーを重ね塗りする技術

SNSの使い方で最も秀逸だったのは、ソフトバンクの孫社長です。

「巨大企業の多忙な経営者が、本当に自分でツイッターに書いているのですか?」

このようにたびたび聞かれたことがあります。間違いなく、孫社長は自分で書き込んでいました。

私はテレビ東京を退職後、ソフトバンクで新規事業の立ち上げを主に担当していました。孫社長の出る会議に、私もたびたび出席しました。打ち合わせの合間に、孫社長がツイッターに書き込んでいる姿を何度も目にしました。ですから、孫社長自身が書き込んでいると断言できるのです。

孫社長のツイッターへの書き込みのなかでも「傑作」が、このツイートです。

「髪の毛が後退しているのではない。私が前進しているのである」

この書き込みの素晴らしいところは、ユーモアのセンスだけではありません。孫社長が打ち出したいソフトバンクという会社のイメージをユーモアに包みながら、見事に訴えているからです。

これまで述べてきた通り、ソフトバンクは創業期から「世の中を変える」という社会軸のストーリーを打ち出してきました。孫社長の姿勢は創業時から現在に至るまで、一貫しています。この書き込みもそうです。ユーモアを交えながら、自らを常に前に進み続ける「社会の変革者」なのだと訴えているわけです。

ＳＮＳへの書き込みは、自社のストーリーのいわば実況中継です。自社サイトなどで打ち出しているストーリーと、矛盾があってはいけません。プレスリリース、記者会見での応答、ＳＮＳへの書き込みなど、孫社長の発するすべてのメッセージが、変革者という軸で貫かれています。見事と言うよりありません。

経営者が広報戦略として書き込むべき内容は、孫社長のように**ストーリーの重ね塗り**であるべきです。事前取材でＳＮＳをのぞきに来たディレクターに対して、現在も進行しているストーリーの印象を強調できるのです。

逆に、ストーリーの印象と相反する内容の書き込みを見たときには、ストーリー全体の信頼性に疑問符がついてしまいます。自社サイト、プレスリリース、そしてＳＮＳ。すべての内容の一貫性を保つようにしてください。

03 マスコミ出演効果を最大化する技術

▼サイトへの掲載で次の取材を呼び込む

マスコミに取材されたときには、ぜひ自社サイトに掲載してください。取材されたという実績が、さらなる取材を呼び込むからです。

ディレクターは、プレスリリースで気になった会社のサイトを調べます。そのとき他のマスコミが取材したという事実が目に入ると、こう思うのです。

「他のマスコミが取材したということは、番組の企画に仕立てるだけの材料はありそうだ」

取材実績があることで、番組の企画にできるという確信を得ます。そして安心して、プレスリリースの内容に関する問い合わせの電話をかけることができるのです。

私が以前、アドバイスした観光関連の一般社団法人があります。その団体は取材実績を自社サイトに掲載してから、テレビ番組からコメントを求められる数が10倍近く増えました。

観光を取り扱っている団体は、いくつも存在します。ディレクターとしては、どの団体にコメントをもらうべきか迷ってしまいます。いくつかの団体のサイトをのぞいたときに取材実績が掲載されていると、「この団体にコメントしてもらえば大丈夫そうだな」と、安心できるのです。

取材実績を実際に自社サイトに記載する際に、注意してほしいことがあります。それは、**過度な尊敬語や謙譲語を用いない**ということです。

「テレビ東京様の『ワールドビジネスサテライト』様で弊社の人事制度改革について、放送していただきました!!」

このような表現で取材実績を記しているサイトをよく見かけます。取材する側とされる側は、あくまで対等な関係です。淡々と事実を書けばいいのです。

「テレビ東京の『ワールドビジネスサテライト』で、当社の人事制度改革の取り組みが放送されました」

マスコミ出演・掲載実績は事実だけを書けばいい

マスコミ出演・掲載実績

××年×月×日　テレビ○○「□□□」で当社の△△が紹介されました

××年×月×日　○○放送「△△」で当社の●●が紹介されました

××年×月×日　□□新聞で当社の○○○が紹介されました

・
・
・
・

・出演した事実を淡々と記す
・テレビや紙面の画像を掲載しない

このような表現で十分です。これで「失礼」「礼儀知らず」などと思うディレクターはいません。逆に、あまりにへりくだった表現はマスコミよりも自社の格が低いということを印象づけてしまいます。

また、へりくだった表現同様、「！」なども不要です。取材実績をあまりに大げさに書くと、取材が来たことに浮かれているように見えてしまいます。こうした表現も、やはり自社の格を下げてしまいます。

▼テレビ画面を掲載しない

放送されたうれしさから、番組画面を撮影して自社サイトに掲載している会社が数多くあります。気持ちはわかるのですが、やってはいけない行為です。テレビ局の許諾なく番組画面を掲載することは、著作権侵害に当たります。番組の権利は取材された側ではなく、あくまでテレビ局に帰属します。

「放送された番組の画像を、会社のサイトに載せてもいいでしょうか」

「使用料なら払いますので、展示会で動画を流させてください」

取材の後、私もよくこのような要望を受けました。これはディレクターとしては、なかなか返答しづらい質問です。ディレクターに可否を決める権限がないからです。

ディレクターはあくまで番組を制作するのが、テレビ局内での役割です。掲載の可否を判断する著作権管理部門は、テレビ局という企業のなかで番組制作部門と全く別に存在しています。

では、ディレクターに著作権管理部門を紹介してもらった上で直接交渉し、許諾を得るということはありえるのでしょうか。

実際に著作権管理部門と交渉したとしても、報道番組の使用許諾を得られる可能性は皆無です。それは番組が報道を目的として制作されたものだからです。企業の宣伝への流用を認めるわけにはいかないのです。たとえ取材された当事者であったとしても、例外ではありません。

著作権侵害という以外でも、画面をサイトに掲載すべきではない理由があります。**「番組を宣伝に利用する会社」という印象を、ディレクターに与えてしまうから**です。

「著作権を無視して、自社サイトに無断掲載している。ということは、展示会や店舗、イベントなど、あちこちで番組を宣伝目的で流しまくっているのかも」

このように連想してしまうのです。報道番組のディレクターは、経営者の私利私欲のために利用されるのを嫌がると先述しました。同様に宣伝目的で番組を流用されることも、極端に嫌がるものなのです。

いずれも「公平中立に、報道として番組をつくっている」というつくり手の誇りが傷つけられるように感じるからです。

これは実際に報道番組を制作した経験がないと、なかなかわかりにくいものかもしれません。報道番組のつくり手の、こうした自負心は極めて強いものです。この自負心があるからこそ、質の高い番組が維持できているとも言えます。

実際には、テレビ画面の写真をサイトに載せているという理由だけで、ディレクターが取材予定を取りやめることはありません。ですが著作権侵害や宣伝目的での流用を繰り返している会社を、積極的に取材しようとも思わないものです。

文字による出演情報だけではなく、何らかの写真も掲載したい。そんな場合に、私がお勧めしている方法があります。

それは、**テレビ画面ではなく取材風景を撮影して、サイトに掲載する**という方法です。

この方法であれば、テレビ局の著作権を侵害することはありません。ディレクターさえ了承すれば、何の問題もありません。取材に協力してもらっているので、断るディレクターはまずいません。テレビ画面をそのまま載せずに、撮影風景を載せるようにしてみてください。

最終章

大きな成果を生む
小さな一歩

▼ストーリーには微調整が必要

これまで有名企業のストーリーの成功例を見てきました。日本酒「獺祭」の旭酒造、「町工場の星」ダイヤ精機、「はたらくを面白く」するウォンテッドリー、そして「丸見え経営」のメガネ21。ソフトバンク・孫社長、楽天・三木谷社長、サイバーエージェント・藤田社長という「カリスマ経営者」たち。いずれも中小企業時代から、マスコミを味方に引き寄せるストーリーを語っていました。

こうした経営者と同じような経歴で、似たようなビジネスを営む人物がいたとします。その人物が過去に成功を収めたストーリーをそのまま真似したとして、現在でも同じような結果が得られるでしょうか。それは、まず起こりえないでしょう。なぜなら、価値観は時代とともに変わるものだからです。

楽天の創業当時は、一流の金融機関を辞めるということが珍しい時代でした。終身雇用も何とか維持されていました。ですが、今や一流企業でも入社3年未満で辞めるのは当たり前です。終身雇用は、もはや死語になりつつあります。仕事に対する価値観や法制度も、変わり続けています。かつて賞賛の対象だった長時間労働は、今では職場から「なくすべきもの」になっています。

ストーリーの軸は、不変の法則です。ですが、軸の「装い」は時代とともに変えていかなくてはならないものなのです。

優れたストーリーの語り手は、こうした微調整を繰り返しています。選挙特番の取材で「演説の達人」と言われる、ある有名政治家を追いかけたことがあります。人気のある政治家は選挙期間になると、1日に3回は応援演説に駆り出されます。取材する側は、同じ内容の演説を何度も繰り返し聞くことになります。何十回も聞いて気がついたのは、選挙戦の始めから終盤にかけて、話の内容が徐々に変わっていくということです。終盤のほうが、完成度が格段に高いのです。聴衆の受けがよかった話は強調し、逆に反応が悪かったものは大胆に削ぎ落とした結果でした。

この本では、ストーリーのつくり方と伝え方を述べてきました。ストーリーの寿命は画期的な新商品の衝撃よりも、はるかに長いものです。ですが、絶え間ない微調整も必要です。微調整のためには、「演説の達人」のように場数を踏むことが必要なのです。マスコミに対してだけではなく、社内、人材採用、取引先など、その機会はいくらでもあるでしょう。

▼ストーリーを語る、経営者の3つの資質

テレビを味方につけることができた経営者に共通する「ストーリーを語る資質」というものはあるのでしょうか。その資質を考えていくと、私は3つの要素を思い出します。

ひとつ目は「**攻める気持ち**」です。

インタビューの際、緊張のあまり固まって、言葉が出てこない経営者がいます。あるいは丸暗記した原稿以外、頑なに語ろうとしない経営者もいます。反対に自分の言葉で、力強く、表情豊かに語る経営者もいます。

あるとき私は、緊張して言葉に詰まる経営者の共通点を見つけました。それは全員が組織の階段を登り詰めた大企業のトップだということです。中小企業の経営者で、そのような人物に会ったことはありません。

この違いは、どこから生まれるのでしょうか。私は「攻める気持ち」の差なのだと、思っています。

「こんなことをテレビで流されたら、クレームが来るかもしれない」といった守りの姿勢ではなく、「カメラの向こうにいる５００万人に、とにかく自社のよさを印象づけたい。このチャンスを絶対に逃さない」という一念。それは「想い」というよりも、「執念」と呼ぶほうがふさわしいのかもしれません。

ふたつ目の要素は「**自分の限界を自分で設定していない**」ということです。

「中小企業の資金力だと無理ですから」

「業界の常識として、仕方がないのです」

取材で出会った中小企業の経営者から、このような「あきらめの言葉」を聞いたことがありません。規模は小さく、まだ何も手に入れていない企業ばかりです。ですが、自らを「中小企業」という枠組みで捉えてはいないのです。「業界」という発想にすら、とらわれていないようでした。今、自分が心のどこかで設定している自分自身の限界とは、周囲の「常識」に引きずられた結果なのかもしれません。

「オリンピックで金メダルを獲る」と宣言する子どもに対し、「良識ある大人」が「金メダルなんて獲れないのだから、受験勉強を頑張ったほうがいい」などと諭すのに似ています。そんな「常識」をそのまま受け入れる子どもが、金メダリストになることはないでしょう。中小企業もまた、同じではないでしょうか。自ら願いもしないことが、実現するはずもありません。

最後は「**小さな一歩を踏み出す**」ということです。

クラウドワークスという会社をご存じでしょうか。受注を希望するデザイナーやエンジニアなどと、発注先を探している企業や個人事業主をオンライン上で結びつけるサービスを運営しています。

クラウドワークスは創業間もない頃から、数多くのマスコミから取材されました。そして、創業わずか3年で上場を果たしています。この急成長を遂げたベンチャー企業が最初に出したプレスリリースは、以下のものでした。

11時11分11秒に株式会社クラウドワークスを登記いたしました。今後、弊社はエンジニア・デザイナーのクラウドソーシングサービス「クラウドワーク」のクローズドβ版ローンチを予定しております。

（クラウドワークス社のプレスリリース 2011年11月11日）

「β（ベータ）版」というのは、試作品のことです。「クローズド」とは「関係者に限って利用可能」という意味です。「関係者限定の試作品をこれから開発する」という内容のプレスリリースです。要は、まだ何もできていないということです。実質的には、会社を登記したというだけで、プレスリリースを出しているのです。そんな内容のプレスリリースを、マスコミが取り上げる可能性はありません。

ですが私が着目したいのは、このプレスリリースの内容そのものではありません。内容よりはるかに重要なのは、起業初日からＰＲに動いたという事実です。このプレスリリースから1カ月後、クラウドワークスは別の案件で、日経新聞に取り上げられました。

有名起業家・家入一真氏は、ツイッターでこのように書いています。家入氏はネット企業を創業し、20代の若さで上場。ベンチャー企業への投資家としても活躍している経営者です。

――後回しにされがちだが、例え社員が数人しかいなくとも広報・ＰＲは早めに入れたほう――

がいいと投資先には言い続けてる。ＰＲはもとより、社内広報・採用広報も含めて、小さなうちこそむしろ重要。

（２０１８年11月6日 ツイッターより）

クラウドワークス、家入一真氏、そして本書で取り上げた中小企業の経営者の誰ひとりとして「商品が満足できる出来になったら、ＰＲも考えてみよう」、あるいは「ある程度の売上が見えてから、広報にも手をつけようか」などと悠長なことを思っていなかったということです。「小さなうち」から「小さな一歩」を踏み出し始めているのです。

本書の冒頭に、こう書きました。「すべての中小企業にストーリーの種は眠っている」と。そして「今は中小企業にとっての歴史的なチャンス」とも記しました。活躍の舞台は整っています。あとは大きな成果に近づくための、小さな一歩を実際に踏み出すかどうかです。

テレビのディレクターたちは、皆さんの想いの詰まったストーリーに出会うことを待ち望んでいます。私自身そうでしたし、現役のディレクターたちも変わりません。

言葉にならない想いを抱いた挑戦者たちがテレビを通じて、爪痕を社会に残していく。その姿に触れた視聴者もまた一歩、前に踏み出そうと思う。この本がその一助となることを、私は心から願っています。

おわりに

テレビのディレクターというと、どのようなタイプを想像されるでしょうか。話がうまくて、多趣味で、全体としてどこか軽い雰囲気を漂わせている……。多くの人が、このような人物を思い浮かべるのではないでしょうか。

私の性格はこうしたディレクター像とは真逆でした。子どもの頃は、小児喘息に苦しみました。その影響からか、外で遊ぶことがあまり好きではありませんでした。人付き合いも、できるだけ避けていました。運動会は最も憂鬱なイベントです。自宅で本を読むか、テレビを見るか、ゲームをしているような子どもでした。

大学院で物理学を専攻したのは、物理が得意だったという理由だけではありません。「エンジニアになれば、人付き合いをしなくても済む」という、もうひとつの動機もありました。

そんな非社交的な私が、テレビ局に就職しようと思うようになっていました。何かつらいことがあったとき、自分の傍らではいつもテレビが灯っていました。テレビ画面のなかで繰り広げられる平和すぎる日常の光景。何気なく眺めていると、自分が抱いていた、生きづらさのようなものが少しだけ和らいでいくのを感じました。

テレビとは毎日、数千万人の人々が日常のなかで抱えた痛みをほんの少しだけ取り除いている存在なのではないか。そう思うようになってから、常に世の「良識派」の批判の的となっているテレビの能天気な笑いも、どこか尊いものに思えるようになっていました。大手電機メーカーの研究所で半導体を設計するより、私のようなどこかの誰かのための、ささやかな日常の「緩和剤」をつくるほうが自分にふさわしいのではないか。そう思うようになっていたのです。

テレビ局に入ろうと思ったのには、もうひとつの「密かな」理由もありました。それは非社交的な自分を変えたいと思ったからでした。「社交的な人々が多そうな職場に身を置けば、自分自身も否応なく変わらざるをえない」と考えたのです。世間とのコミュニケーションに苦手意識を持ちながらも、どこかで渇望していたのかもしれません。

テレビ局の面接は倍率200倍を超える「狭き門」です。「入りたい」と自分で決意しただけで、入れるものでもありません。まして私は口下手で、愛想笑いもまともにできない理科系の大学院生です。自然体で面接を受けたとしても、通過する可能性は全くありません。私は自分自身の演出方法を考え抜きました。面接部屋のドアノブに手をかけた瞬間に、自分自身に心のなかで語りかけます。「ここから一歩先は舞台なのだ」と。

こうして私は「就職氷河期」と言われる時代でしたが、テレビ東京だけではなく、いくつかの人気企業の内定も得ることができました。思えば、これがビジネスの場で企業や個人を演出するという現在の仕事の第一歩だったのかもしれません。最初の演出対象は自分自身だったのです。

テレビ東京に入ったということは、私にとってはまさに僥倖でした。若いうちからチャレンジさせるという社風。制作費や人員では他局に大きく劣るためにひとり当たりの仕事量が多くなり、結果として仕事を早く覚えることができるという体制。そして何より「いい人」が多いのが、テレビ東京の特徴だったからです。一癖も二癖もある人間の多いテレビ業界にあっては、まさに異色です。他局であれば、私は若いうちに潰されていたかもしれません。

そして、「社交的な人が多そう」と入社前には想像していたテレビ局でしたが、優秀なディレクターのほとんどが実は不器用な性格なのだとわかったことは、どこかうれしい発見でした。

それから20年余り。私はテレビ東京などを経て、現在はコンサルティング、講演などを手がけています。非社交的な自分が一貫してコミュニケーションに関する仕事を続けています。

元来、人付き合いが苦手だという性分は意外なことに、この仕事では功を奏したように思えます。子どもの頃からずっと、私は「輪の外」にいる存在でした。「輪の中」の熱狂から距離を置き続けた結果、気がつけば他人の言葉の断片や細かな仕草、裏側の心理を感じ取ろうとする習性が身についていました。このやっかいな性質が今では、経営者も見逃しているような企業の特徴を掘り起こすのに役立っています。

自分自身の本質が変わったからコミュニケーションを仕事にできるようになったのかと言えば、そうではないと感じています。仕事を通して社会的な役割を果たすときだけ、私は自分のちっぽけでやっかいな、この非社交的な性格を脱ぎ捨てることができるからです。

仕事とは私にとって、自分という存在を社会に開くことができる「窓」のような存在なのです。そして今、仕事のひとつの集大成として、本書を著すことができました。

本書の出版のきっかけをつくってくださった同文舘出版の戸井田歩さん、組織への順応性が低く「面倒な存在」であったであろう私を励まし続けてくれたテレビ東京時代の上司、先輩や同僚たち、そして家族、独立まもない私を心配しながら亡くなった父に心より感謝しています。

この本がきっかけとなり、また新たな人々と出会えることを期待しています。そして自分自身もまた、新たに出会った人々の新たな可能性を切り拓く手助けができる存在でありたいと、心より願っています。

下矢一良

期間限定

本書を購入してくださった方へ
特別ダウンロードサービス

※画像はイメージです。

マスコミを味方につけた
有名企業を分析した
本書未掲載のストーリー作成シート集

申し込み方法

＼以下の URL にアクセスしてください／

https://storymanagement.co.jp/storysheet/

※ PDF データをダウンロードいただけます。

※この特典は、予告なく内容を変更・終了する場合がありますことをご了承ください。

※本特典に関するお問い合わせは、**合同会社ストーリーマネージメント（info@storymanagement.co.jp）**までお願いいたします。

著者略歴

下矢 一良（しもや いちろう）

マーケティング・コンサルタント、中小企業診断士

テレビ東京、ソフトバンクなどを経て、コンサルタントとして独立。早稲田大学大学院理工学研究科（物理学専攻）修了後、テレビ東京に入社。「ワールドビジネスサテライト」「ガイアの夜明け」を、ディレクターとして制作する。個の力で戦う中小・ベンチャー企業のあり方に魅かれ、500社以上の中小・ベンチャー企業を取材。経営者すら気づいていない企業の魅力を掘り起こし、再構築し、伝えることに注力してきた。また、7万通以上のプレスリリースを読んだことで、中小・ベンチャー企業が犯しがちな伝え方の敗因を知る。その後、中小・ベンチャー企業への関心が高まり、ソフトバンクに転職。孫社長直轄のメディア事業を担当し、孫社長の情報発信術を間近で学ぶ。年に1組しか選ばれない「ソフトバンク・アワード」を受賞。テレビ東京やソフトバンクでの経験などを基に、商品の個性に頼らず何度もテレビに出られるようになるストーリーの構築法を編み出し、現在はコンサルタントとして中小企業の支援に取り組んでいる。

■公式サイト　http://storymanagement.co.jp/

タダで、何度も、テレビに出る！

小さな会社のPR戦略

2019年 6月14日　初版発行
2020年12月25日　3刷発行

著　者 ―― 下矢一良

発行者 ―― 中島治久

発行所 ―― 同文舘出版株式会社

東京都千代田区神田神保町1-41　〒101-0051
電話　営業03（3294）1801　編集03（3294）1802
振替 00100-8-42935
http://www.dobunkan.co.jp/

ISBN978-4-495-54038-8

印刷／製本：萩原印刷

Printed in Japan 2019